全球主要国家
网络作战力量建设研究

中国电子科技网络信息安全有限公司

祝世雄　龚汉卿　霍家佳　郑　珊　冯肖扬　等 编著

电子工业出版社
Publishing House of Electronics Industry
北京·BEIJING

内 容 简 介

随着信息化时代的到来，网络空间成为继陆、海、空、天之后的第五维战略空间，世界各国争相进入这一充满机遇和挑战的虚拟场所。但随着计算机技术的高速发展，少数霸权国家将霸权触手伸向网络空间，妄图凭借自身技术优势抢占网络空间的制高点，将网络技术改造成施展强权政治的军事武器，引发全球网络空间局部矛盾冲突接连不断。网络空间至此成为现实世界的延续和拓展，网络空间斗争成为现实世界斗争博弈的虚实映射。

随着全球网络空间军事化对抗日趋激烈，投射力量保卫国家的关注在一定程度上已经从传统军事领域过渡至网络空间领域，世界主要国家进一步加速网络空间军事竞争，加强顶层规划、组建网络作战部队、研制新型作战武器装备，力求全面提升网络空间作战力量。为全面明晰全球主要国家网络作战力量现状，知悉各国网络作战特点及发展趋势，本书聚焦"全球网络作战力量建设研究"主题，重点研究美、英、澳、俄等 8 个国家的网络作战力量建设情况，概述各国网络作战力量建设经验，深入探讨各国网络作战特点及未来发展趋势，以期为我国网络空间作战能力建设提供借鉴与启示。

未经许可，不得以任何方式复制或抄袭本书之部分或全部内容。
版权所有，侵权必究。

图书在版编目（CIP）数据

全球主要国家网络作战力量建设研究 / 祝世雄等编著. —北京：电子工业出版社，2022.8
ISBN 978-7-121-43551-5

Ⅰ.①全… Ⅱ.①祝… Ⅲ.①计算机网络－应用－作战－研究－世界 Ⅳ.①E83-39

中国版本图书馆 CIP 数据核字（2022）第 093164 号

责任编辑：缪晓红　　特约编辑：刘广钦
印　　刷：三河市龙林印务有限公司
装　　订：三河市龙林印务有限公司
出版发行：电子工业出版社
　　　　　北京市海淀区万寿路 173 信箱　邮编：100036
开　　本：720×1000　1/16　印张：10.5　字数：139 千字
版　　次：2022 年 8 月第 1 版
印　　次：2022 年 8 月第 1 次印刷
定　　价：88.00 元

凡所购买电子工业出版社图书有缺损问题，请向购买书店调换。若书店售缺，请与本社发行部联系，联系及邮购电话：(010) 88254888，88258888。
质量投诉请发邮件至 zlts@phei.com.cn，盗版侵权举报请发邮件至 dbqq@phei.com.cn。
本书咨询联系方式：(010) 88254760。

编 委 会

祝世雄　龚汉卿　霍家佳　郑　珊

冯肖扬　陈　倩　李奇志　曾　杰

郝志超　吕　玮　张晓玉　叶　宾

前　言

当前，大国博弈激烈，国际局势变幻莫测，网络时局瞬息万变，攻防转换、明暗交织，任何国家都无法置身事外。面对紧迫时局，唯有拨开八方风雨，一探强国网络作战力量的长短优劣，方可洞悉制胜之道。

作为超级网络大国和网络战争的头号推手，当前美国正在积极贯彻前沿防御的网络作战理念，推行网络威慑战略，迫使其盟友和对手也纷纷加强网络作战力量建设，发展符合自身需求的网络作战体系与能力。在此背景下，本书全面考察了美国、英国、澳大利亚、印度、以色列、俄罗斯、朝鲜和伊朗8个国家的网络作战力量建设情况，深入明晰以上国家网络作战力量的战略规划、组织机构、装备技术、人才培养等，从他国的发展历程中吸取经验，以期为完善、强大我国的网络作战力量建设提供借鉴与参考。

计算机技术的高速发展带动互联网向全球各个角落渗透，成为承载世界各国政治、经济、军事领域的全新空间，网络空间对现实空间加速覆盖、深度融合。从政治视角来看，网络空间易成为舆论的"发酵池"，一旦被敌对势力利用，就会严重威胁国家政权巩固和社会稳定[1]；从经济视角来看，国家重要基础设施的安全和运行依赖于网络，针对基础设施的网络攻击事件一旦发生，则会对社会正常运行产生不利影响；从军事视角来看，网络空间对军事领域的渗透和影响不断增强，现实空间的利益冲突逐渐向网络空间转移聚合，传统战场硝烟正蔓延至网络空间。因此，网络空间已经成为国家利益的重要组成部分，网络空间的权力成为国家间利益争夺的重要内容。

随着网络空间对现实空间的加速覆盖和深度融合，以美国为代表的发达国家凭借技术产品、知识产权等手段，严重危及了其他国家的网络安全和主权，形成了压制性的网络空间霸权和垄断地位，引发的全球网络空间局部矛盾冲突接连不断，国家间网络冲突日益加剧。因此，越来越多的国家开始把网络空间列为未来重要的国防空间，持续加速网络空间军事竞争，加强顶层规划、扩充作战力量、加快武器研发、组织网络演习，力求全面提升网络空间作战力量，争取在网络空间军事竞争中占据主动权。

目　　录

第 1 章　网络作战概况 ·· 1
1.1　网络作战内涵 ·· 2
1.1.1　美国：利用网络能力进行的作战行动 ··································· 2
1.1.2　俄罗斯：信息对抗属性的空间特别行动 ································ 3
1.1.3　中国：达到政治目的的黑客行为 ··· 4
1.2　网络作战特点及形态 ··· 5
1.2.1　网络战的主要特点 ··· 5
1.2.2　网络战的主要形态 ··· 6

第 2 章　网络作战历程及发展 ··· 8
2.1　网络作战的阶段 ··· 9
2.2　国家日益成为网络战的主角 ··· 13
2.3　网络作战力量基本要素 ·· 14

第 3 章　主要国家网络作战力量建设情况 ·· 17
3.1　美国：网络作战领域的开创者 ·· 18
3.2　英国：网络作战领域的先行者 ·· 45

3.3　澳大利亚：网络作战领域的筑城者 ·················· 56
　　3.4　印度：网络作战领域的野心者 ······················ 77
　　3.5　以色列：网络作战领域的创新者 ···················· 92
　　3.6　俄罗斯：网络作战领域的挑战者 ··················· 106
　　3.7　朝鲜：网络作战领域的隐匿者 ····················· 118
　　3.8　伊朗：网络作战领域的交锋者 ····················· 130
第4章　对我国网络作战能力建设的启示和建议 ············· 143
　　4.1　参与网络空间规则制定，提高网络空间话语权 ········· 144
　　4.2　充分利用民间力量，推进军队与网络安全企业合作，打造互联网
　　　　安全体系 ······································ 146
　　4.3　全面加大统筹力度，积极打造联合网络作战能力 ······· 148
　　4.4　坚定推动自主可控，大力发展军民两用技术体系 ······· 150
　　4.5　加强国产化网络安全装备体系建设，大力提升我军网络安全主动
　　　　防御能力 ······································ 152
　　4.6　积极推进网络攻防实战化演练 ····················· 154
参考文献 ·· 156

第1章

网络作战概况

1.1 网络作战内涵

1.1.1 美国：利用网络能力进行的作战行动

"网络战"的概念由美国于 20 世纪 90 年代率先提出，并开始研究与实践。1993 年，兰德公司发表名为《网络战就要来了》（Cyber war is coming!）的论文[2]，首次提出"网络战"的概念，定义网络战是"根据与信息有关的原则，广泛运用指挥控制、情报搜集、情报处理和分配、战术通信、定位、智能武器系统等多种技术，尤其是电子致盲、干扰、欺骗、超载和侵入敌方信息及通信系统等手段所进行的军事行动"[3]。

随着计算机网络技术的发展，美军对网络作战的理解逐渐深入，经历了计算机网络战（CNW）、网络战（NW）、计算机网络作战（CNO）、网络作战（CyberOps/CO）的发展阶段，"网络空间"定义和战略理论进一步统一和成熟。

美国第 20 号总统令《美国网络作战政策》将网络作战定义为："网络情报搜集、防御性网络效应行动（包括非侵入式防御性反制措施），以及进攻性网络效应行动的统称。"

《美国国防部军事及相关术语词典》《网络空间作战》中将网络作战定义为："利用网络能力进行的作战行动，其主要目的是在网络空间内或通过网络空间实现目标。此类操作包括计算机网络操作，以及操作和保卫全球信息网格的活动。"

《陆军网络空军作战概念能力规划 2016—2028》《空军网络空间作战条令》对网络作战的定义如下："使用网络能力的主要目的是在网络空间内或借助网络空间以实现作战目标，包括计算机网络作战和全球信息栅格（GIG）行动与防御等相关活动。"

1.1.2　俄罗斯：信息对抗属性的空间特别行动

俄罗斯将追求信息优势作为未来冲突胜利的关键推动因素，但俄罗斯在网络安全和信息空间领域缺乏单一的术语库，将信息战和网络战都归类于信息对抗（IP/IW）属性。俄罗斯政军界普遍认为，"网络战"一词不适合在官方文件中使用，因而提出"信息空间特别行动"取代"网络战"。

根据俄罗斯国防部的定义，"信息战是两个或两个以上国家在信息空间的对抗，目的是破坏信息系统、过程和资源、关键结构和其他结构，破坏政治、经济和社会系统，对人口进行大规模心理处理，以破坏社会和国家的稳定，并迫使国家接受有利于对方利益的决定。"从上述定义可以看出，俄罗斯信息战方针包括网络打击和信息行动，并将其作为协同工作的凝聚力要素，以实现俄罗斯的外交和政治目标。

1.1.3　中国：达到政治目的的黑客行为

根据《中国军事百科全书》，网络战是"一种黑客行为，它通过破坏对方的计算机网络和系统，刺探机密信息，达到自身的政治目的"。

我国有学者认为，网络战是"为干扰、破坏敌方网络信息系统，保证己方网络信息系统正常运行而采取的一系列网络攻防行动，是敌对双方运用网络技术在政治、经济、军事、科技等领域，为争夺信息优势而进行的网络搏杀"[3]。也有学者认为，网络战是"高度依赖于信息、信息系统和信息化武器装备，在信息网络电磁空间展开，对敌方的战争体系或作战体系进行网络摧毁和破坏的作战行动"[4]。

1.2 网络作战特点及形态

1.2.1 网络战的主要特点

网络战作为一种新型作战范式和战争形态，自诞生之初就备受瞩目，其时空界限、参与主体、作战手段、作战效果特征已日益显现。

（1）网络战不受传统战争的时空界限限制。网络战不同于传统战争，没有明确的时间界限、空间界限。在时间界限上，网络战没有明确的发起时间与结束时间，也不存在战时与和平时期的区别；在空间界限上，网络战发生在虚拟空间，没有明确的作战地域，不存在战场和非战场的区别[5]。

（2）网络战的参战主体范围宽泛。在主体上，网络战的发起主体包括国家、组织、个人，网络空间的匿名性使非国家行为体参与网络战成为可能；在客体上，网络战不仅瞄准政治、军事目标，现阶段还会瞄准民用网络基础设施，因此，网络战拥有准军事性和非军事性两个作战形式[6]。

（3）网络战的作战手段更加隐秘。网络攻击者可结合使用病毒、蠕虫、木马、逻辑炸弹、拒绝服务攻击、信息篡改、IP 欺骗、网络监听等多种手段进行攻击，同时使得网络溯源难度较大。

（4）网络战能够取得以小博大的效果。网络武器的易获得性、网络空间的匿名性使得发起网络攻击的成本很低，但导致的后果可能很严重，因此，任意组织、个人都可以通过网络攻击给其他国家带来威胁。

1.2.2　网络战的主要形态

关于网络战的主要形态，由于划分的标准不同，国内外学者有多种意见。依据网络战的针对目标，可以将网络战分为以下主要形态：网络系统攻击、基础设施网络攻击、网络窃密战、网络信息战、网络防御战[7]。

（1）网络系统攻击可通过拒绝服务攻击、木马植入、漏洞利用等多种方式造成敌方网络系统瘫痪，大大削弱敌方的行动能力，使己方获得一定优势。例如，2008年俄格战争期间，俄罗斯对格鲁吉亚的网络系统发动全面攻击，导致格鲁吉亚的政府机构、金融通信、交通系统瘫痪，进而导致社会紊乱、军事指挥失灵。

（2）基础设施网络攻击可通过网络攻击造成敌方交通、工业、电力等基础设施崩溃，极大地提高战争效率及速度。例如，2009年，美国、以色列利用"震网"病毒成功摧毁伊朗的核设施，极大地拖延了伊朗核能力研究；2019年，美国针对委内瑞拉电力基础设施发动网络攻击，造成委内瑞拉国内发生大规模停电。

（3）网络窃密战以获取对方情报或机密信息为目标。网络战士依托互联网，通过病毒、漏洞等方式对对方政治、军事、金融、科技等组织机构进行情报搜集活动。美国国家安全局针对局域网研发了一系列攻击渗透工具，利用间谍植入木马病毒，从而实现窃密行动[5]。

（4）网络信息战以网络战、心理战的聚合方式，进行舆论宣传控制，打击敌方士气。例如，2010年，突尼斯自焚事件经过脸书、推特等社交媒体的舆论发酵后，推动了集体行动和社会运动的"阿拉伯之春"事件。

（5）网络防御战可通过态势感知、隔离、访问控制、检测防护等方式实现网络系统的正常运行，保护资源免受外部威胁。例如，美国的网络空间安全主动防御体系借助商用技术和能力，将网络空间的威胁预警、入侵防御和安全响应能力相结合，创建跨领域的网络空间态势感知系统，为军队网络基础设施提供安全保障。

第 2 章
网络作战历程及发展

2.1 网络作战的阶段

当前，网络已成为现代作战的"神经中枢"，网络战日益成为大国竞争的主要战场。通过使用网络武器，可达到使敌方的指挥瘫痪、通信中断、武器失灵、战斗力下降等效果。可以说，掌握网络空间的控制权，在一定意义上就抢占了战争胜负的制高点[8]。

根据国外文献，网络战可大致分为 3 个阶段：早期探索阶段、快速发展阶段和军事现代化阶段[9][10]。

1. 早期探索阶段：20 世纪 80 年代至 90 年代

20 世纪 80 年代，计算机网络技术开始在美国及少数强权国家兴起，计算机和通信系统飞速发展。十年间，美军计算机使用量从 1.5 万台发展到 25 万台，具备国家背景的黑客也随之出现，计算机终端、操作系统环境面临病毒、恶意代码的威胁。美军将网络攻击首次应用于战争中，国家间的网络攻击与盗窃事件频繁出现，出现了如海湾战争，以及"布谷鸟蛋""莫里斯蠕虫""花旗银行"等网络战事件，如表 2-1 所示。

表2-1 早期探索阶段的网络战

序号	事件代号	年份	描述	影响
1	"布谷鸟蛋"	1986年	德国黑客将盗窃的美国弹道导弹防御技术转交给苏联克格勃	首次重要的网络间谍攻击
2	"莫里斯蠕虫"	1988年	由康奈尔大学研发,感染了6000台计算机,造成约1000万美元的损失	第一次大规模网络袭击事件
3	海湾战争	1991年	美国通过病毒使伊拉克防空指挥中心主计算机系统瘫痪,成功制造空袭	首次将网络攻击手段引入战争
4	"花旗银行"	1994年	俄罗斯黑客从客户账户窃取超1000万美元	首次针对银行系统的网络攻击

2. 快速发展阶段：20世纪90年代至2008年

20世纪90年代,美苏冷战的结束为计算机网络技术的快速发展创造了便利,以TCP/IP为代表的网络技术广泛运用。但与此同时,开放互联的网络环境也面临拒绝服务、网络蠕虫、非授权访问等安全威胁,美国提出"网络战"的概念并将其军事化发展应用,地区局部冲突中的网络对抗事件频繁出现,出现了如"月光迷宫"、科索沃战争、爱沙尼亚大战、以色列空袭叙利亚、俄格战争等网络战事件,如表2-2所示。

表2-2 快速发展阶段的网络战

序号	事件代号	年份	描述	影响
1	"月光迷宫"	1998年	美国国防部、能源部、航天局等数千份敏感文件被浏览或失窃,溯源至苏联	首次由国家级网络间谍组织发起的大规模网络攻击
2	科索沃战争	1999年	南联盟使用多种计算机病毒和组织攻击北约网络系统,北约将大量病毒和欺骗性信息传送至南军计算机网络和通信系统	首次较大规模的网络战争

续表

序号	事件代号	年份	描述	影响
3	爱沙尼亚大战	2007 年	爱沙尼亚受到俄罗斯持续 3 周的网络攻击，造成外交部、司法部等多个网站彻底瘫痪	首次国家间的网络大战
4	以色列空袭叙利亚	2007 年	以色列利用"舒特"网络攻击系统，侵入叙军防空雷达网，使其处于失效状态	揭开网电攻击一体化趋势
5	俄格战争	2008 年	俄罗斯对格鲁吉亚网络系统发动全面攻击，导致政府机构、金融通信、交通系统瘫痪	提高了网络战的新等级

3. 军事现代化阶段：2009 年至今

2009 年至今，全球网络战进程加快，国家正式成为网络战的主角。美军于 2009 年开始组建网络司令部，多个军事强国紧随其后，积极采取各种措施组建网络作战部队，研制各类网络攻击和防御武器。其中，美国和以色列运用"震网"病毒向伊朗实施代号为"奥林匹克运动"的网络袭击，这是历史上首次通过虚拟空间对现实世界实施攻击破坏，并直接达成战略目的的军事行动。此次行动标志着网络空间作战正式进入军事化时代，如表 2-3 所示。

表 2-3　军事现代化阶段的网络战

序号	事件代号	年份	描述	影响
1	"奥林匹克运动"	2009 年	美国、以色列利用"震网"病毒成功摧毁伊朗核设施	首次通过虚拟空间对现实世界实施攻击破坏
2	美朝对抗	2014 年	朝鲜黑客组织对索尼公司发动网络攻击后，美国采取报复性网络攻击，致使朝鲜网络数次处于全面瘫痪状态	美国首次公开承认对朝鲜进行网络攻击

续表

序号	事件代号	年份	描述	影响
3	美军对战伊斯兰国	2016年	美军对伊斯兰国的指挥控制系统发动网络攻击,限制该组织的网络联络及招募新成员的能力	检验了多种网络进攻战术的有效性,验证了组建网络联合部队的可行性
4	美国大选	2016年	俄罗斯在美国大选期间通过网络攻击、窃取信息、虚假宣传等信息战手段,分裂选民,干预大选结果	国际网络安全冲突步入新阶段,利用网络干预他国内政成为新趋势

2.2 国家日益成为网络战的主角

网络空间的天然属性决定了其从诞生之日起就烙上了战争印记，不仅成为继陆、海、空、天之后的全新战场，而且拥有独立的武器系统。目前，世界主要强国的政府均强调网络空间安全在国家安全和军事安全中的战略影响。围绕网络空间的博弈不断升级，网络作战的帷幕也已经拉开。

一方面，世界主要国家均加速网络作战力量建设与扩充，以期在网络空间竞争中占领高地。目前，已有逾100个国家成立了网络作战部队，强化网络武器、新兴技术的研发与应用，网络军事强国建设从"粗放式"扩张向"精细化"纵深发展迈进。同时，随着国家行为体网络作战力量的形成，网络空间成为大国竞争的主要领域，国家间网络冲突的对手从个人黑客转向其他国家。

另一方面，全球各国纷纷设立网络安全机构，充分发挥国家力量在网络防御中的显著作用，维护本国的网络安全。例如，美国国土安全部、英国政府通讯总部、俄罗斯联邦安全局都在本国重大网络安全事件中发挥了重要作用。未来，各个国家将会设立或强化本国的网络安全机构及网络作战力量。

2.3 网络作战力量基本要素

当前,世界主要国家高度重视网络空间作战力量建设,将其作为捍卫国家主权、维护国家安全的重要力量。例如,美国、英国、俄罗斯等军事强国纷纷发布网络战略,成立网络作战部队,加快发展网络攻防技术,推动网络武器系统建设和发展,谋求网络空间的战略优势;其他国家也相继行动,加速建设网络作战力量,努力捍卫国家网络空间安全。

综合来看,网络作战力量基本要素包括战略规划、组织机构、装备技术、作战理论等[11]。

1. 战略规划,指导网络作战顶层建设

战略规划是网络空间作战能力建设的基本依据和行动指南。当前,世界多数国家陆续出台国家网络安全战略,描述网络安全愿景,提出采取的行动方略和措施,用以指导和加强国家网络安全建设。为强化网络空间战略竞争,争夺网络空间领域战略优势,部分国家出台国防部网络战略,提出网络战略目标和战略方针,以在网络空间采取积极行动,确保维护网络空间内的绝对优势。

例如,美国政府于2018年出台的《国家网络战略》,概述了美国网络安全的四项支柱、十项目标及众多优先事项，强调重塑美国在网络空间的全球领导地位。为贯彻落实上述战略，美国国防部于 2018 年推出《美国国防部网络战略》，指导国防部通过建立更具杀伤力的力量、扩大联盟和伙伴关系、改革国防部、培养人才，积极对抗和威慑美国的竞争对手，实现提前防御、塑造日常竞争能力的目的。

2. 组织机构，奠定网络作战实施主体

组织机构是实施网络空间作战的主体。为适合网络安全新要求，全球各国加速建设、调整优化网络作战组织架构，持续强化网络安全能力。一般来看，网络作战实施主体分为政府层面的管理机构及国防部层面的网络部队。

例如，在美国联邦政府层面，与网络安全相关的职能部门包括国土安全部、国防部、国家安全局、中央情报局、联邦调查局、商务部、国务院等；在国防部层面，美军网络司令部的升级优化了网络空间作战的指控体系，形成了 133 支具备全面作战能力的网络任务部队。

3. 装备技术，支撑网络作战效能提升

装备技术是实施网络空间作战的基础工具，世界主要国家依然将网络武器装备作为军事领域重点发展内容。国防军事部门成为网络战装备更新的重要推手，大型 IT 企业、网络安全企业及高校成为装备迭代的承担者。以美国为代表的西方国家，积极引入人工智能、5G、量子技术等先进技术，加强网络空间作战新兴技术的研发与应用，持续提升网络空间作战能力与备战水平。

以美军为例，美军利用其在网络空间领域的技术优势，研制和装备了一系列网络主动防御体系、网络攻击支撑体系、网络攻击装备体系的网络作战武器，其中一些功能完备的武器系统已发展成为美军武器库中的独立武器。

4. 作战理论，加速网络作战战略指导

随着网络空间在未来战争中的地位和作用进一步凸显，"网络中心战""网络空间威慑"等作战理论持续新增，将对未来战争的作战理念、作战要素产生重要影响，从根本上改变传统战争的观念、作战原则、作战力量编成和战场结构及运用方式。

当前，美国等主要军事强国在网络空间安全需求的牵引和网络装备技术的推动下，正加快探索网络空间作战理论的创新研究。近年来，网络战研究、心理战研究不断加强，信息作战威慑能力不断提升，促进了信息作战理论内涵的丰富拓展。夺取和保持制网权成为赢得信息优势、决策优势和行动优势的基础和前提，以及获得战场制信息权的核心。

第 3 章

主要国家网络作战力量建设情况

3.1 美国：网络作战领域的开创者

近年来，网络空间军事化的趋势日益明显，军事及国防要素在各国网络安全战略体系中所占比重稳步增加。作为超级大国，美国大力推动网络空间作战能力建设，将军事要素纳入网络安全战略规划，建立支撑网络战略的实体机构，联手产业界加强网络装备技术研发，从而实现对网络空间军事行动的指挥、协调与保障。当前，美国网络空间军事实力强大，其不断利用网络空间展示政治力、国防力，持续加强网络空间的控制权、主导权。

1. 美国网络空间战略

1）网络空间战略文件

美国已经发布 60 余份与网络空间相关文件，包括国家战略、国防授权法案、行政令等政策及法律条文[12]。美国近年发布的网络空间领域重大战略规划大致可分为联邦政府、国防部及各军种三个层级。

（1）联邦政府网络战略

美国《国家安全战略》是统领美国国防战略和军种战略的顶层战略，在网络空间上，美国推出《国家网络战略》。2017 年 12 月，特朗普政府发布的《国家安全战略》将网络安全上升为国家安全的核心利益[13]，进一步突出进攻属性，支持并提升实现网络攻击溯源的能力。基于上述战略，美国政府于 2018 年 9 月发布《国家网络战略》[14]，重新排定了美国在网络空间目标的优先秩序，强调安全因素，特别是强化威慑；2021 年 3 月，拜登政府签署《国家安全战略临时指南》[15]，强调通过打赢技术革命、强化伙伴关系，优先发展网络安全，增强网络空间的能力、弹性。

（2）国防部网络战略

美国国防部基于《国家安全战略》出台更具实施性的《国防部网络战略》。迄今为止，美国国防部已颁布三份网络战略[16]。2011 年 7 月，《国防部网络空间行动战略》出台，提出国防部应对网络空间威胁的五大战略举措；2015 年 4 月，奥巴马政府《国防部网络战略》出台，首次提出组建 133 支网络任务部队，并明确了国防部保护其网络、系统和信息，保护美国及其利益免受网络攻击，提供综合网络能力来支持军事行动的三大任务；2018 年 9 月，特朗普政府《国防部网络战略》提出，将通过建立一支更具杀伤力的部队、在网络空间中竞争和威慑等五大途径，落实上层战略的优先事项。

（3）各军种网络战略

美陆军至今已颁布 4 份网络战略，强调网络作战与其他领域作战能力的整合，并重视构建安全、弹性并足以支撑全球军事行动的一体化网络能力。2010 年《网络空间作战概念能力规划（2016—2028）》提出，把网络作战纳入全谱作战框架；2015 年《陆军网络行动计划》提出，加快实现网络现代化目标；2016 年《塑造陆军网络（2025—2040）》分析了预测未来作战所需的网络能力和技术趋势；2018 年《陆军网络空间与电子战行动概念》将网络战、电子战和电磁频谱行动充分纳入联合作战[17]。

美海军共发布 3 份网络战略，强调打造网络空间信息优势，重视网络空间作战对联合作战能力的支撑作用。2012 年《海军网络力量 2020》提出，确保网络空间的自由访问和可信的指挥控制；2015 年《美国海军舰队网络司令部/第 10 舰队战略规划（2015—2020）》提议在网络空间、电磁频谱和太空开展行动；2020 年《美国海军舰队网络司令部/第 10 舰队战略规划（2020—2025）》提出，通过网络空间提供作战能力和效能[18]。

美空军共发布 3 份网络战略，致力于寻求改变游戏规则的网络空间技术。2008 年《网络司令部战略构想》提出，通过构建和增强网络空间能力，以在电磁频谱或通过电磁频谱进行持续综合作战行动；2012 年《网络愿景规划 2025》描绘近期、中期和长期的网络空间科学与技术蓝图；2014 年《美国空军：未来的召唤》指出，空军五大核心任务已扩展至太空和网络空间，亟须整合太空和网络空间行动来提供最有效的作战方案。

2）网络空间战略主要思想

（1）在大国对抗中推进网络威慑战略

自 2003 年美国首次提出"网络威慑"战略以来，经四届政府的酝酿发展，美国进攻性网络威慑地位持续增加，并扩大了网络安全的范围。美国网络威慑战略强调通过建设强大的网络军事力量，对全球主要对手形成网络威慑，旨在减少由国家支持的网络攻击行为。

2018年9月，特朗普政府发布的《国家网络战略》提出"利用一系列工具手段向恶意网络行为者施加成本、进行威慑"；2020年3月，美国网络空间日光浴委员会基于"前置防御"概念首次提出"分层网络威慑"战略，强调通过塑造行为、拒止获益、施加成本实施威慑，并进一步扩大威慑运用范围[19]；2021年3月，拜登政府发布的《国家安全战略临时指南》强调"追究参与者对破坏稳定的恶意网络活动的责任，并施加大量成本对网络攻击迅速回应"。

（2）在军队作战层面强调"前置防御"思想

随着美军网络空间作战规则的演进，在"前置防御"战略指导下，美军从被动防御转换至激进防御，寻求先发制人，从源头上破坏或阻止恶意的网络活动。"前置防御"的核心是通过"持续交战"确保美国在网络空间上的优势，并通过"前出狩猎"战术行动贯彻实施[20]。

2018年3月，美军网络司令部发布愿景文件《获取并维持网络空间优势》，首次提出"前置防御"概念，一改过去被动防御的局面，开始将网络空间阵地前推到盟友甚至对手的网络空间；2018年9月，美国《国防部网络战略》强调通过网络空间建立更致命的军事力量，加快网络作战和打击恶意网络行动的能力建设，通过"前置防御"应对日常的恶意网络活动。截至当前，美军网络司令部已于16个国家和地区开展了超28次"前出狩猎"行动，充分融合了进攻性和防御性网络行动，旨在识别对手正在使用的恶意软件和攻击手段，进一步加强美军防御。

(3) 在日常博弈中强化情报和溯源反击作战

为应对网络威胁，美国积极构建国家网络情报体系，从战略角度寻找改善网络情报数量、质量和影响的方法。其中，网络溯源是美国国家网络情报体系建设的重要部分，同时也是践行网络威慑战略的目标。美国政府多次将网络情报与网络溯源相结合，对他国网络空间活动构成现实威慑。

2017年10月，美国《主动网络防御确定法案》进入立法程序，将为对攻击者实施追踪调查、溯源反制等提供法律依据；2018年9月，特朗普政府发布的《国家安全战略》强调"投入资源以支持并提升实现网络攻击归因的能力，确保有能力作出快速反应"，同时提出"情报领先，确保情报部门在全源网络情报的使用上处于世界领先地位"；2019年1月，美国国家情报总监办公室发布《国家情报战略》，重点聚焦网络威胁议题，解决从事恶意网络活动的国家和非国家行为者。

2. 网络空间作战组织架构

美国网络作战力量是在美国网络空间司令部的统一指挥下，由陆海空、海军陆战队网络作战分队及预备役部队、国土安全部、国防承包商等从事网络情报分析、安全保障、信息作战、武器研发和试验生产等人员机构组成的强大力量。

1）指挥体制

美军在建设作战力量进程中，持续推进联合指挥机构的实体化进程。现阶段，美军扁平化的网络作战指挥体系有效提升了作战指挥效率，同时

第3章 主要国家网络作战力量建设情况

也实现了网军与其他军兵种在作战行动中的融合,为美军遂行多样化网络作战行动、实施网络威慑战略提供了有利的条件。美军网络作战指挥体系如图3-1所示。

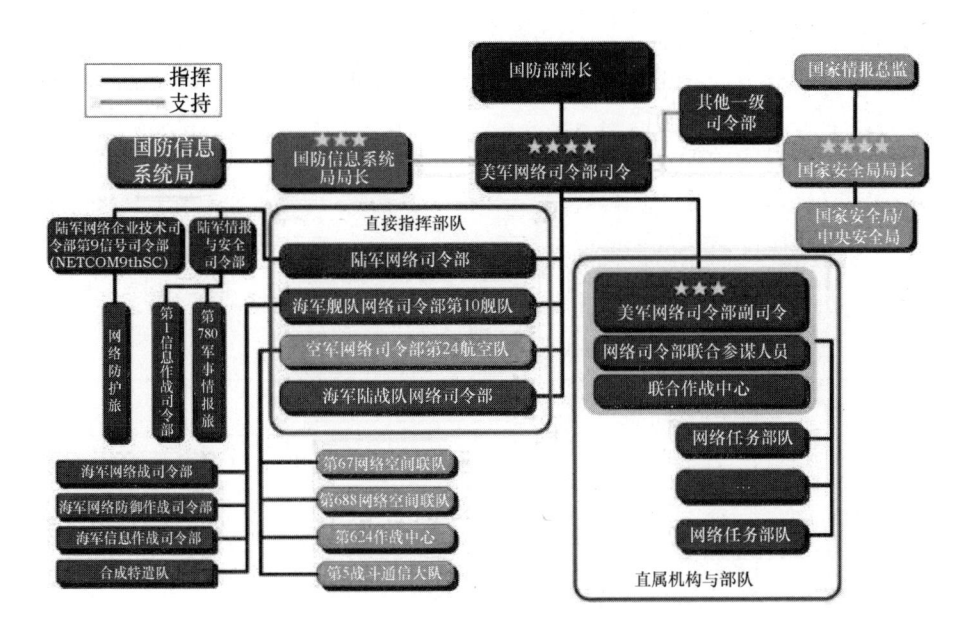

图3-1 美军网络作战指挥体系

美军网络司令部接受美国总统、国防部部长指挥,对国家网络任务部队总部、网络空间联合部队总部、军种网络空间部队总部和国防部信息网络联合部队总部等拥有作战控制权;各总部对配属的国家任务分队、作战分队、防护分队和支援分队等拥有作战控制权。

作战期间,美军网络司令部根据美国总统、国防部部长指令开展网络作战行动,对所属部队实施作战控制,并向联合作战司令部提供定制的兵力包进行支援。兵力包由网络司令部所属网络作战部队、作战支援人员和其他网络空间力量组成。网络司令部对兵力包拥有作战控制权,并视情况

023

将作战控制权指派给下属司令部。接受兵力包的指挥官拥有战术控制权，对网络空间作战时机和节奏进行控制[21]。

2）网络作战部队

2018年5月，网络司令部下属的133支网络任务部队（CMF）全面形成战斗力（见表3-1）。根据《美国国防部网络发展战略》，网络任务部队的核心使命包括保护美国国防部网络及其数据安全、支持联合军事指挥官制定的各项作战目标、保护美国关键基础设施[22]。

表3-1 美国网络作战部队情况

类型	数量	任务概述
国家任务部队	13支	保护美国及其全球利益免受严重网络攻击
网络防护部队	68支	保护高优先级美国国防部网络及系统免受威胁
战斗任务部队	27支	通过生成各种综合网络空间效能，为战斗司令部提供支援，实现作战规划目标、支援突发作战行动
支援部队	25支	为国家任务部队、战斗任务部队提供分析与规划支持

2021年5月，网络司令部司令表示，自2012年设立网络任务部队以来，战略环境已经发生了变化，133支网络任务部队已经无法满足美国国防部的最新需求。美国将在2024年年底前完成21支网络防护分队的组建，使网络任务分队数量增至154支。

增加部队人数将确保美军网络司令部能够履行其作为被支援和支援司令部的职责，网络司令部将加强对部队资源的控制，提高部队的战备状态，并巩固网络任务部队培训，从而为网络任务部队人员增加做好准备；太空部队和太空司令部的创建增加了网络司令部需要覆盖的领域，进一步强化了网络任务部队人员增加的需求；网络司令部需要保持平衡，不仅要在冲突爆发时能够支持其他作战司令部，还需要抵制对手在武装冲突阈值下开展的破坏美国国家安全的活动。

3．网络攻防装备

近年来，美军以"军方主导、业界协同"为指导思想，充分借助产业界的信息技术创新优势及能力，推动网络空间军事能力建设，形成了集攻击、防御及支撑能力的体系化网络空间作战武器装备。

1）体系化网络攻击能力

美国最早开发了"蠕虫"病毒、"逻辑炸弹"等网络武器，并将其应用于实战。早在 21 世纪初，就有报道称美军开发了 2000 多种网络武器，目前经过若干年发展，美军网络武器库的规模和能力更是得到了极大的丰富和提升[23]。美军网络攻击装备主要包括以下几类。

一是网络攻击基础设施。美军开发了成熟的工程化攻击利用植入框架，具备从底层到上层覆盖多种操作系统和应用的全方位渗透和控制能力。例如，2013 年斯诺登曝光的情报行动办公室（TAO）先进技术预置武器清单中包含 11 种无线隐蔽攻击工具、7 个持久化控制工具、9 个路由器/防火墙攻击工具、15 个移动通信设备监听/攻击工具、7 个网电空间作战支撑工具；2017 年"维基解密"曝光中央情报局（CIA）已经开发了 1000 多种网络攻击装备，目标对象几乎囊括了所有的信息产品，包括 Cisco 等路由器和交换机、Windows 等主流操作系统、攻击物理隔离设施攻击装备等。

二是战场网电机动装备。美军当前着重发展和强化网电一体化能力，形成了以"舒特系统""沉默乌鸦""地面层系统"为代表的武器装备，平台化、模块化和机动性是网络攻击武器发展的重点考量。例如，"舒特系统"是 BAE 系统公司开发的机载网电攻击系统，用于支持对敌一体化防空系统进行渗透与操控，美军现已围绕"舒特系统"形成了一系列概念、战术/技术/规程和先进技术，用于同步情报/监视/侦察和非动能打击能力，并与传统的动能武器协同，实现对联网目标的打击[24]。

三是新型网络攻击装备。为实现"武器系统、指挥和控制流程、后勤节点、高价值目标"等作战目标全覆盖，美军打造了"联合网络作战架构"，以"统一平台""联合网络指挥与控制系统""联合通用接入平台""持续网络训练环境"等平台系统为核心组件，极大地提升了美军网络攻击行动的互操作性和协同能力。其中，"统一平台"将为美军网络任务部队提供一种指挥控制和战斗管理可视化能力，可以实现对防御性网络作战、进攻性网络作战和网络 ISR 行动的统筹指挥和协调。

2）智能化网络防御能力

美军信息系统建设经历了 C2、C3、C3I、C4、C4ISR、C4KISR 系统的演进，相继开展了信息基础设施（DII）、全球信息栅格（GIG）、联合信息环境（JIE）、数字现代化战略计划（DMS）项目的建设，逐渐实现全功能、全要素一体化综合集成系统，安全防护要素也随之迅速发展。美军通过采用动态防御、变形网络等先进防御技术装备，来保护军事网络及联邦关键基础设施的网络安全，并积极利用人工智能等技术，提升其防御网络空间安全威胁的能力。

（1）态势感知装备

当前，美军借助商用技术和能力将网络空间的威胁预警、入侵防御和安全响应能力相结合，构建在实时、大规模、跨领域的动态网络环境中感知网络空间战场态势的系统，从而解决人工依赖性强、作战速度慢、作战决策难和作战异步性等基础难题，为军队网络基础设施提供安全保障。

在联邦政府方面，国土安全部进行的国家网络安全综合计划（CNCI）中最广为人知的态势感知项目就是"爱因斯坦"计划，"爱因斯坦"计划从3期开始引入了美军的主动防御系统技术和网络威胁情报，以应对未知特征的高级网络攻击，提升联邦政府网络的态势感知能力；国防部近年间开展的态势感知项目逐渐由研发阶段转入应用作战阶段，如网络作战平台的"IKE项目"，可为美国网络任务部队提供网络指挥控制和态势感知能力；"用于网络态势感知的高性能计算架构（HACSAW）"项目，旨在提升国防研究与工程网络（DREN）中对网络空间态势的理解，包括网络监控和入侵检测、漏洞扫描、防火墙等内容；DISA授予的"保证性合规评估解决方案（ACAS）"项目，旨在研发检测系统评估DoDIN及其连接设备是否符合国防部相关标准，并发现其中的漏洞。

（2）响应处置装备

当前，美军充分借助业界技术和能力加强网络安全技术装备的研发，大力基于人工智能的威胁检测、自动响应及处置的网络系统，构建以动态化、实时化、主动化为特点的网络安全防御，旨在解决网络系统中的未知威胁与入侵攻击。

美军各部门、机构加紧了新型安全防御技术的研究，如DARPA开展了"确保人工智能抵御欺骗的稳健性（GARD）""人机探索软件安全（CHESS）"等项目；国防创新机构开发网络威胁情报平台，谋求建立一个不断发展的知识库，其中包含有关威胁、攻击模式、恶意软件家族、漏洞、内部资产、处于危险中的关键任务系统及其行动防御态势的相关见解；陆军正在加强网络弹性研究，陆军研究实验室和人工智能研究所开展"自主战场的安全实时决策（SCRAMBLE）"软件项目，旨在为军用无人机和其他无人驾驶工具开发一种软件，以抵御黑客攻击。

（3）信息安全基础设施

信息安全基础设施是由相关软硬件及相关服务组成的信息网络综合体，可满足用户信息传输、共享、处理需求的安全服务及其他服务。信息安全基础设施包括以下四类：一是统一架构，即单一安全架构（SSA），为所有军事机构的计算机和网络防御提供通用的方法，将各军兵种间各自为战的安全防御整合成一个安全集成的框架；二是集成框架，联合区域安全堆栈（JRSS）集中有限的人力和技术资源，面向重点对象开展针对性防御，极大降低系统建设运营的复杂程度和成本；三是认证授权，身份、凭证和访问管理（ICAM）是美国国防部的信任基础设施，旨在实现排除异常、实施动态访问控制的目的；四是跨域共享，跨域解决方案（CDS）为美军提供了跨域、跨密级之间网络的信息安全交互方式，采用跨域交换机制提供不同安全域之间的受控传送信息能力，实现系统协作、集中管理、内容审查、远程访问等。

3）综合化测试评估支撑能力

为提高网络空间作战综合集成能力，美军发展了多项测试评估作战支撑项目。美军建设网络靶场平台，旨在构建精确复制真实场景的虚拟网络环境，为军方网络作战培训和网络安全测试提供支持[25]。一方面，使网络战士可以使用与战场上相同的工具进行网络攻防训练，提高作战技能，更好地为网络威胁做好准备；另一方面，对作战系统和武器进行测试，及时发现软硬件网络安全问题，提高网络安全防御能力。

目前，美军大型网络靶场包括持续网络训练环境（PCTE）、战略司令部联合网络空间靶场（JCOR），美国国防部下属的联合信息作战靶场（JIOR）、美军国家网络靶场（NCR）、美军国防信息系统局网络安全靶场（CSR），以及指挥、控制、通信和计算评估（C4AD）靶场等（见表 3-2）。除上述靶场外，美各军兵种还根据自身需求建立了各自的靶场，包括海军的战术赛博靶场、陆军赛博靶场、海军网络空间作战靶场（NCOR）等。

表 3-2　美国国防部主要靶场情况表

	持续网络训练环境（PCTE）	美军国家网络靶场（NCR）	美军国防信息系统局网络安全靶场（CSR）	指挥、控制、通信和计算评估（C4AD）靶场	联合信息作战靶场（JIOR）
靶场能力	搭建高度仿真的虚拟战斗环境，提升部队战备水平；保持常态化系统增益更新，确保应对最新威胁；自动挖掘、汇总训练数据，提高作战训练效能；精确认证评估网络战备等级、掌控部队作战能力	NCR 可以连接到 JIOR；联合任务环境试验能力（JMETC）多独立安全级别化系统独立模式运行；专用软件有助于快速进行网络设计、重新配置和清理，以及网络扩展；安全架构，可将通用基础架构划分为 MILS 并利用其真实的恶意软件；端到端工具包，可自助创建高保真测试环境的冗长过程；网络测试、网络靶场管理和网络测试工具方面的自动化流程整合	CSR 可独立运行，或指挥官/服务机构（CC/S/A）及其各自的网络环境也可以通过以下方式连接到该靶场：JIOR 通过网络和国防研究与工程网络的虚拟专用网连接；专注于网络安全和计算机网络防御的持久环境；模拟全球信息网络及其服务；服务包括流量生成、可配置用户仿真、模拟恶意软件、同谋培训和 BOTnet 并利用其用于混淆培训环境	可以连接到 JIOR 或以独立模式运行；用硬件复制可操作的命令和控制（C2）环境，从而能评估系统的互操作性、操作能力、过程合规性及技术适用性，以确认准备就绪情况；具有结合培训联系和测试事件来完成测试和培训及认证目标的经验	封闭的多层安全性环境，旨在进行网络攻击和其他非战攻击活动；在全球有服务节点的分布，具有一个现实且相关的实时火力网络环境，以支持信息作战和网络任务区域的作战指挥、服务、机构及测试社区的培训、测试和试验；形成一个多安全级别的多个同时发生的事件；联盟合作伙伴提供安全的连接和传输；具有符合军队的联合作战概念、提供关键能力的联合部队网络培训和测试环境

4．网络作战力量运用

网络作战力量需要通过战场或网络演习检验才能充分发挥其作战效能，同样，作战人员是否具备良好的作战技能和素养，是否能够合理地运用网络技术或者装备，指挥控制和情报分发是否准确高效等，都需要经过网络演习或者网络实战的检验。

1）网络演习

（1）演习基本情况

虽持续受新冠肺炎疫情影响，美国仍通过各种方式开展网络演习训练和竞赛活动，在实战中评估网络部队战备水平，检验和提升部队的网络作战能力。近几年，美国举行的网络安全演习此起彼伏，强调组织协调、情报共享和安全协作等网络安全能力的建设，呈现出全民参与的总体态势，形成了跨域、跨国、跨部门的一体化模式[26]。

① 各军兵种密集开展网络安全演习，随时应对现实世界网络威胁

美国对网络安全实战演习青睐有加，2021年各军兵种开展网络安全演习，加强网络战能力建设，以应对不断增加的网络威胁。

2021年1月，美军开展"红旗 21-1"演习，模拟太空、网络空间作战，以电子战为重点进行联合全域作战训练。该演习以提供实战化训练为宗旨，使太空和网络空间部队的训练水平保持在与空中作战相同的水平上。参演的太空力量由美国太空部队、美国陆军太空部队和盟国空军作战部队组成。

2月，美国陆军举行了"网络探索 2021"（Cyber Quest 2021）演习，首次与美国陆军"陆军远征勇士实验"（AEWE）演习合办。4月，美国"全球闪电 2021"演习在美国太空司令部联合作战中心结束，期间进行了多科目演习，特别测试了多域太空作战能力。超过 100 名美国太空司令部人员和 900 名参与者参加了"全球闪电 2021"演习，该项目将太空能力整合到多领域演习中。此次模拟冲突场景涉及三个作战司令部：美国太空司令部、美国战略司令部和美国欧洲司令部。6—9月，美国陆军在"2021 网络现代化实验"演习中取得多项新进展，实验成果包括新兴波形、有保障 PNT 服务、CMOSS 基础设施原型及数据加密、战术通信和电子战能力。10月，美陆军在亚利桑那州尤马试验场和新墨西哥州白沙导弹靶场启动了为期 6 周的"会聚工程 2021"（Project Convergence 2021）作战演习。这次演习已经在实验室和实地进行了近一年的事前筹备，该次演习将聚焦于联合部队如何在未来的战斗中击败具有先进技术的对手，战胜对手的高端能力，旨在找出可穿透高端对手"反介入/区域拒止"能力的技术，并为未来全域作战测试新技术、能力和作战概念。

② 模仿对关键信息基础设施的网络攻击依旧是网络演习的重点

虽受新冠肺炎疫情的影响，关键信息基础设施依旧是网络演习的重要目标对象。2020 年 8 月 13 日，为期 3 天的美国"网络风暴 2020"（Cyber Storm 2020）演习落幕。本次演习主要在关键制造业、金融和交通部门和其他关键基础设施领域，对诸如数字证书、网关协议、路由机制及域名系统等方面的多维度网络攻击进行识别，在分布式参与的情况下协同应对网络攻击，通过对政策、流程和处置的实际演练，增强网络安全的准备和响应能力。

③ 使用新技术或新工具，提升网络演习作战能力

在 2020 年的网络演习中，我们不难发现，以持续网络训练环境（PCTE）和指挥控制的协作工具 oneChat 为代表的新技术或新工具陆续被运用到网络演习中，并发挥巨大作用。

在 2020 年 6 月举行的 Cyber Flag 20-2 演习中，美军使用了一种被称为"持续网络训练环境"（PCTE）的新型远程网络训练工具。PCTE 虚拟环境包括 25 个互连靶场的 3000 多个虚拟机，这是一个高保真网络，它使用 4000 多个存储和共享数据的静态网站来模拟和仿真开放的 Internet 流量。PCTE 是一个在线程序，它允许美军网络司令部的网络战士及伙伴国从世界任何地方登录以进行个人或集体网络训练和任务演练。PCTE 正在为网络指挥部提供一种全新的方式来训练网络部队，持久性网络训练环境的交付绝对能够提高司令部本身进行演习的频率和复杂性。同时 PCTE 可以集成到大型、多战斗的指挥型演习中，以模拟网络效果，如 Global Lightning 及其配套的 Cyber Lightning。

"红旗 20-1"演习首次在作战环境中部署并测试了唯一的作战指挥控制聊天/协作解决方案。oneChat 作为替代传统聊天程序、主要用于指挥控制的协作工具，其目标是应用于联合全域指挥控制（JADC2）。

(2) 演习特点

① 集成了太空和网络空间，用于联合全域作战训练

当前，美军新的联合作战概念特别强调增加太空和网络空间，以充分利用两者在交战规则、机动方式和作战效果等方面的优势。美军正在寻求将网络与信息环境中的其他能力进行整合，从而扩大网络的影响范围。美军举行多次聚焦信息作战的演习活动，通过实战演练提高部队信息环境作战能力。

2021年，美国空军在"红旗 21-1"演习中，聚焦大国竞争，强调联合全域作战中的太空训练，提供一致且逼真的训练环境，包括将太空和网络空间作为组织学习的媒介，与空中作战在同一级别进行。参演的太空力量由美国太空部队、美国陆军太空部队和盟国空军作战部队组成。除了空军，美军希望在演习中增加海军和导弹部队的力量，通过开展联合全域作战训练，将太空和网络空间部队的力量有效融入联合作战中，提高太空和网络空间部队与其他军兵种进行快速有效沟通协同的能力，同时也有助于增强其他军兵种利用太空和网络空间的力量达成战略目标的意识，以及应对来自太空和网络空间的攻击的能力。

② 创新专项技术装备演习，发展联合作战概念和平台

面对作战概念、作战场景、作战需要的变化，全球各国正在对网络演习进行动态创新发展，改进演习形式，改善演练技术装备，从而使网络战士更好地做好战术准备。

2021年，"网络扬基"演习首次使用了美军网络司令部开发的"网络9线"系统（Cyber 9-Line），该工具为国民警卫队的网络单位提供了一个问题模板，使他们能够快速地将疑似网络攻击的具体细节通过指挥系统传达

给网络司令部。在 2021 年"锁定盾牌"演习中，美军使用最先进的技术、最复杂的网络和多种攻击方法来模拟一系列现实和复杂的网络攻击情形，以测试各国保护重要服务和关键基础设施的能力。演习检查了不断发展的技术将如何塑造未来的冲突，如深度伪造技术。

在 2021 年举行的"网络夺旗 21-2"中，PCTE 平台的使用范围明显扩大，是上一次"网络夺旗"演习的 5 倍。同时，美国陆军在"汇聚工程 2021"演习中明确指出，军方还在寻找方法将人工智能、机器学习、自主性、机器人技术及通用数据标准和架构结合起来，以便更快地在多个不同作战领域做出决策形成战术优势。

③ 加强国际联盟演习，增强网络空间作战协同性

美国将联盟关系从现实世界推动到网络空间，通过加强在网络空间的合作，在新兴作战领域建立集体作战优势，力图掌握未来作战主导权。相关国家继续举行联合网络演习活动，促进盟国之间在网络空间上的练兵协作。随着全球各国面临网络威胁日益凸显，各国加强联盟网络安全演习，增强网络空间作战协同性，全面提升网络作战能力。例如，由北约卓越协同网络防御中心（CCDCOE）组织的全球最大、最复杂的国际实战网络防御演习——"锁定盾牌"演习涉及 30 个国家；在"波罗的海行动（BALTOPS 50）"演习中，有来自 18 个北约盟国和伙伴国家参加。2021 年 6 月，围绕一个虚拟的盟军补给站，美军网络司令部在线上举行了有美国、英国和加拿大参与的多国联合网络演习"网络夺旗 21-2"。虽受新冠肺炎疫情的影响，全球各国依旧加码网络演习的合作，应对突发网络安全事件。

（3）演习未来发展趋势

① 规模越来越大、级别越来越高、范围越来越广

网络形势日益复杂，为应对网络攻击威胁的不断加剧，各国组织军方、企业与机构实施联合网络安全对抗演习，未来网络安全演习规模越来越大、级别越来越高、范围越来越广。网络安全演习能够提升美国网络作战实力，完善美国已制定的网络安全应急预案，提升美国在安全信息共享、协同联动、网络武器研发、安全人才培养等领域的合作水平。

② 跨域、跨国、跨部门的一体化网络攻防演练模式日益成熟

2021年，从组织规模上看，"网络夺旗"等系列演习，基本形成了多部门、多领域、多盟国参与的军政民一体融合模式，美国组织各个国家在多个层面发展网络作战能力。美国试图通过分层渐进演习方式将网络空间整合到联合作战中。另外，美国还多次举行实战化网络攻防演习，构建"数字战壕"，已形成跨域、跨国、跨部门的一体化网络攻防演练模式，拓展了"集体防御、危机处理、合作安全"三大核心任务范围，反映出美国试图抢占全球网络安全制高点的新趋势。

③ 网络空间作战向战术级延伸，推动"多域作战"理念，实现智能化、实战化

随着网络战、电子战和信息战的发展，美军近年来愈发重视将新的作战概念与能力注入传统的作战部队当中。通过美陆军的历次演习可以看到，

美陆军未来必将继续融入人工智能技术，加大海、陆、空、太空和网络空间作战的关键技术融合的演练力度，推动网络空间作战由国家层面向战术级延伸，从而进一步推动"多域作战"理念向实战化发展。陆军近年来不仅注重网络部队与传统作战部队联合协作方式的探索，更注重海、陆、空、太空与网络空间作战关键技术的融合，大力开展有关"多域作战"战术、技术等测试的演练，并将机器学习等人工智能技术融入其中。

2）网络实战

过去几年，美军网络任务部队始终秉持"边建边用""战训结合"的指导思想。2012年年底，美军首批网络任务分队刚刚通过资质验收就被部署到中央司令部，支持美军在叙利亚和伊拉克的军事行动，并作为实验部队为条令开发、编制论证、训练标准制定等后续工作积累实战数据[27]。从2000年开始，据不完全统计，在公开报道中美军发动了20余次网络战争，部分如表3-3所示。

表3-3　美军著名网络战概况表（2010年至今）

网络战	概况
2018年军方黑客行动"Slingshot"	2018年3月9日，卡巴斯基发布报告揭露了一起潜伏6年的"弹弓"（Slingshot）网络间谍行动。攻击者通过非洲和中东多国被入侵的路由感染数千台设备，这些国家包括阿富汗、伊拉克、肯尼亚、苏丹、索马里、土耳其和也门。Slingshot代表的是美国特种作战司令部（SOCOM）下属联合特种作战司令部（JSOC）运作的一项军事计划。Slingshot通过感染恐怖分子常用的电脑，帮助美国军方和情报界搜集相关情报。这些目标电脑通常位于发展中国家的网吧，因为"伊斯兰国"（ISIS）和基地组织（al-Qaeda）目标通常会在网吧收发消息
2018年叙利亚战争	2018年4月13日，美国以叙东古塔地区发生"化学武器袭击"为由，联合英国、法国对叙利亚军事设施进行"精准打击"。自2011年以来，已经打了整整7年

续表

网络战	概况
2017年美朝"网络战"	美国网络指挥部于2017年9月22日至30日对朝鲜的军事间谍机构，即侦察总局（RGB）发动了DDoS攻击，利用计算机流量洪流令对方服务器陷入瘫痪。此次网络攻击是非破坏性的和临时性的，以达到扼制朝鲜黑客的目的，同时这也表明美方想通过网络攻击手段告诉朝鲜，美国有能力且能够采取更强硬的网络攻击行动
2017年美国国家安全局入侵国际银行系统	2017年4月，美国国家安全局曾入侵国际银行系统，以监控一些中东和拉丁美洲银行之间的资金流动。美国国家安全局利用计算机代码入侵SWIFT（环球银行间金融通信协会）服务器，并监控SWIFT信息。文件还曝光了多个入侵SWIFT系统的计算机代码和监控工具
2017年"野蛮袋鼠"（Brutal Kangaroo）	2017年6月，维基解密披露了CIA Vault7系列的第十二批文件，"野蛮袋鼠"（Brutal Kangaroo）描述了美国情报机构如何远程渗透入侵封闭的计算机网络或独立的安全隔离网闸设备（Air-Gapped Devices，从未连接过互联网的设备），只针对微软Windows操作系统。"野蛮袋鼠"是用于微软Windows操作系统的工具套件，通过使用U盘或闪存（thumbdrives）的网闸摆渡来入侵封闭的网络。野蛮袋鼠组件在目标封闭网络内创建一个定制化的隐蔽网络，并提供调查执行、目录列表和任意文件执行等功能。一般金融机构、军事和情报机构、核电行业都会使用封闭网络以保护重要的数字资产
2017年斯诺登终结者（Scribbles）项目	Scribbles别名"Snowden Stopper"，是一款将"web beacon"标签加入机密文件中，用以追踪告密者及国外间谍的软件。维基解密于2017年4月30号披露的Vault 7系列文档详细介绍了CIA（中央情报局）是如何追踪告密者、记者等群体的。利用Scibbles软件在可能被泄漏的文件中嵌入Web信号标签，这样即使文档被窃取，CIA也能定位这些文件，搜集相关信息，并将这些信息反馈回CIA
2016年美军对伊斯兰国网络战	2016年2月，美军对极端组织"伊斯兰国"发动网络攻击，限制该组织的网络联络及招募新成员的能力。网络攻击的目的是破坏"伊斯兰国"的指挥控制系统，让恐怖分子对他们的网络失去信心，让伊斯兰国的网络过载，无法再运行。此次网络攻击是美军在战场上的最新尝试。在这次行动中，美军网络部队检验了多种网络进攻战术的有效性，验证了组建网络联合特遣部队的可行性，同时也发现了不少问题。该行动是美军集成性网络进攻作战的一次大练兵
2015年美军方程式攻击组织曝光	2015年年初，卡巴斯基披露了一个活跃近20年的攻击组织——方程式组织，该组织不仅掌握大量的零日漏洞储备，且拥有一套用于植入恶意代码的网络武器库，其中最受关注、最具特色的攻击武器是可以对数十种常见品牌硬盘实现固件植入的恶意模块。依靠隐蔽而强大的持久化能力，方程式组织得以在十余年的时间里，隐秘地开展行动而不被发现。方程式组织被认为和NSA有较大关联。2001年至今，该组织已经攻击了伊朗、俄罗斯、叙利亚、阿富汗、阿联酋、中国、印度、英国、美国等国家和地区的上万个目标，大量设备被感染了恶意软件

续表

网络战	概况
2014年索尼事件引发的美朝对抗	2014年11月，黑客组织"和平卫士"（Guardians of Peace）公布索尼影业员工电邮，涉及公司高管薪酬和索尼非发行电影拷贝等内容。美国情报官员认为该网络攻击获得了朝鲜政府资助。2015年3月，美国议员在公开场合承认美国对朝鲜进行了网络攻击，尚属首次。在索尼公司网站遭黑客攻击案件发生后，朝鲜网络数次处于全面瘫痪状态
2013年美国情报部门系列监听	2013年6月，美国前情报机构雇员斯诺登曝光了"棱镜"秘密监听项目。之后，"星际风""上游""量子""喇叭壳""金色极光""藏宝图"等项目陆续曝光。这些监听项目表明，美国情报部门可利用信息产业链提前预设、病毒感染、无线注入、漏洞等多种方式进行信息截获、监听、控制，利用大数据技术对"元数据"进行深度挖掘分析，进而实现对网络空间的全方位监听与监控，为维护其网络空间霸权提供情报支撑
2012年"火焰"病毒攻击	2012年5月，"火焰"（Flame）曝光，该病毒能够借助网络和U盘进行传播，并能够通过指挥控制中心使攻击者进行远程控制，一旦系统被感染，病毒可监控网络流量、获取截屏画面和键盘输入、记录音频对话，所有数据都能上传到攻击者指定的遍布全球的服务器上。同时，一旦完成数据搜集任务，病毒可自行毁灭，不留踪迹，被认为是迄今为止最复杂、最危险、最致命的病毒威胁。西方情报官员称，美国和以色列联合开发该病毒，旨在搜集关键情报，延缓伊朗核武器发展步伐
2011年美军空袭利比亚	2011年3月，以美国为首的多国联军对利比亚实施了代号为"奥德赛黎明"的空袭行动。联军空袭利比亚是网络中心战理论指导下的联合一体化信息作战：首先，联军预警体系非常完善；其次，联合作战协同指挥有序；第三，信息化装备先进，从而能够成功实施远程精确打击，迅速瘫痪了利比亚防空系统，显示出网络中心战的本质特征
2010年"数字DNA"技术实施"极光行动"	2010年，针对美军系统遭受攻击情况，美军利用"数字DNA"技术实施"极光行动"，对系列恶意软件行为的微细特征进行收集比对，侦察推测出攻击行为的来源渠道。其中，"数字DNA技术"对网络目标侦察识别达到了至少90%的匹配率。同年，美国政府利用此技术还开展了对维基解密网站的侦察和威胁分析，根据侦察结果，提出了多种先发制人的网电作战战术
2009—2010年的"震网"数字打击	2011年1月15日，《纽约时报》披露了美国、以色列合作研发旨在破坏伊朗核计划的震网（Stuxnet，又名"超级工厂病毒"）相关情况，该病毒的一些细节也被公之于众。此次震网病毒的爆发披露了美国和以色列联手使用该病毒攻击伊朗纳坦兹核设施的过程。"震网"病毒是全球首个具备直接摧毁工业设施能力的网络武器，已造成纳坦兹核设施数千台离心机的损毁和爆炸，被网络安全专家称为"网络超级武器"。"震网"病毒已感染了世界数万台电脑，致使网络进攻性武器技术在全球扩散，其变种和改良版本已酿成多起重大事故，引起世界各国的高度警惕

此外，在近几年，美军针对伊斯兰国的网络战、"维基解密"事件等值得我们关注和分析。

（1）美军针对伊斯兰国的网络战

2016年2月，美军对极端组织"伊斯兰国"发动网络攻击，破坏"伊斯兰国"的指挥控制系统。此次网络攻击是美军在战场上的最新尝试，美军在这一领域有着强大的实力，这也是网络司令部的作用所在。在此次行动中，美军网络部队检验了多种网络进攻战术的有效性，验证了组建网络联合特遣部队的可行性。该行动是美军集成性网络进攻作战的一次大练兵，美军网络战的作战范围正在不断拓展，行动力度进一步加强，对于加快发展网络进攻能力具有重要意义[28]。

① 确定釜底抽薪式的网络攻击目标和手段

美军此次网络攻击的目标是中断及扰乱伊斯兰国的指挥控制能力，致使其网络过载以破坏正常功能，同时采取一切足以影响其对军队人员、民众及经济资源的指挥与控制能力的攻击手段。此次网络攻击手段将着眼于扰乱伊斯兰国指挥武装力量的能力，干扰他们策划阴谋的能力，削弱他们的财力及雇佣士兵的能力。此次攻击行动的效果表明美国网络攻击手段已经能够有效地攻击和破解现代通信方式和信息加密技术[29]。

② 聚焦主攻方向，实行网络地毯式轰炸

在此次网络攻击行动中，美国国家安全局和美军网络战司令部联合开展网络跟踪分析,发现伊斯兰国各项行动指令皆从伊拉克摩苏尔镇与叙利亚拉卡市发出,由此判断这两地是伊斯兰国的主要网络作战基地。美军对伊斯兰国的网络中枢进行地毯式轰炸,使伊斯兰国指挥控制陷入瘫痪。其实,早在2015年,美军便透露未来战场要给战机装备进攻性网络战武器,使用飞机攻击对方的网络,干扰或关闭敌方的网络系统。由此看来,此次网络攻击是网络战飞机的首场试验,很可能美军的网络战飞机参与了向伊斯兰国的网络运行中心投入网络炸弹。

③ 网络战与实体战相结合,创新出网络—空地一体战

在此次网络攻击行动中,美军利用网络攻击引导和保障空地军事行动,网络战与实体战相结合,创新出网络—空地一体战。美国与伊拉克部队协同对伊斯兰国的网络枢纽摩苏尔镇进行地面攻击,叙利亚武装亦协助切断了两座城市之间的通信线路,通过代号为"哈布尔之怒"的行动占领拉卡与摩苏尔之间的叙利亚城镇沙达迪。网络攻击与传统武器相配合构成空中、地面和网络空间三维打击视图,美军黑客在恐怖分子的网络系统中植入病毒,获取到恐怖分子头目的网络操作习惯,随后修改他们的命令及数据,从而将恐怖分子引出并集中在某个区域内,方便美国的无人机或者地面部队对其实施武力打击。

(2) 维基解密事件

2017年3月7日,维基解密(Wiki Leaks)曝光了与美国中央情报局(CIA)相关的代号为"拱顶"(Vault 7)的资料,由此揭开新一轮文件泄密事件的序幕。"维基解密"事件的连续报道令外界一片哗然。这是 CIA 历史

上最大的一起机密信息被窃事件，涉及美、俄、德等多个国家和苹果、谷歌、微软等多家技术公司，这些曝光的 CIA 机密文件毫无疑问会让全球网络安全公司和公民置于风险之中，而且为美国的对手提供了路线图。

从"维基解密"事件我们不难看出，CIA 继续遵循人力情报搜集和海外隐秘行动的路子，在网络空间利用网络安全漏洞，以操作系统和智能化设备终端为重点攻击对象，做网络空间的隐秘行动。

① 通过恶意软件进行网络攻击

当前恶意软件是黑客常用的也是重要的一种攻击工具。据维基解密泄露，CIA 利用恶意软件攻击主要有三种方式：一是针对 Windows、Linux 和 macOS 操作系统的恶意软件成为主要攻击工具。此次泄漏的文件还包含了关于跨平台恶意软件的信息，CIA 可以利用这种恶意软件来远程入侵和监控运行了 Windows、Linux 和 macOS 操作系统的个人计算机；二是借鉴恶意软件代码开发攻击工具。CIA 借鉴了很多当前流行的恶意软件代码，并利用这些代码开发出了自己的间谍软件。CIA 不仅会自己研发新型的攻击技术，而且还会从其他开源的恶意软件借鉴代码。CIA 的 UMBRAGE 团队目前正在开发和维护的应用开发技术及代码库从其他恶意软件中借鉴了大量代码，而这个代码库所提供的代码段能够迅速被整合并利用到有针对性的攻击活动中；三是运用捆绑恶意软件的 App 来监控目标。此次泄露文档中包含一个名为"Fine Dining"的文件，CIA 会使用捆绑了恶意软件的 App 来监控目标，但其中并不包含任何的零日漏洞利用技术，而是一堆捆绑了恶意软件的应用程序。Fine Dining 是一种具有高度通用性的攻击技术，在经过特殊配置之后可以将其用于各种攻击场景，但是需要 CIA 的特工物理访问目标设备。CIA 的特工会将这些捆绑了恶意软件的应用存储在 U 盘里面，然后再将他们插入目标设备并从中收集数据。

② 移动端攻击技术层出不穷

CIA 有一大堆令人印象深刻的攻击方法来入侵 iOS、Android 及 Windows 操作系统的手机。这些文件记录了 CIA 针对 Android 及 iOS 操作系统的智能手机所研发的入侵破解技术细节。维基解密认为，CIA 的移动研发部门旗下还有一个非常复杂的团队，这个团队专门负责研究零日漏洞的利用技术并开发相应的恶意软件，而这些恶意软件不仅能够从 iPhone 及类似 iPads 这样的运行了 iOS 系统的苹果产品中窃取数据，它们甚至还可以完全接管 iOS 设备。同时，根据曝光文件透露的信息，其中的某些攻击技术甚至强大到允许攻击者远程接管目标设备 idea 内核，也就是负责控制智能手机运行的操作系统核心部分，有的还可以获取到设备的 root 访问权，攻击者可以通过这种权限获取到目标设备的地理位置、通信记录及联系人等信息。

③ 另辟蹊径，绕过加密 App 进行攻击

曝光文件称，CIA 研发的恶意软件可以在没有破解加密算法的情况下直接读取隐私聊天信息。CIA 有一款能够获取目标手机完整访问权的黑客工具，能够让手机中的安全系统完全失效，并允许 CIA 的特工远程访问目标手机。入侵目标手机成功后，在语音及文字消息被加密之前收集到原始的消息内容。该方法实际上是绕过了主流安全通信软件的加密保护，受影

响的产品包括 WhatsApp、Signal、Telegram、Confide 和 Cloakman。但此次曝光文件并没有透露针对 Signal 和 WhatsApp 的攻击技术细节。

5. 结语

当前，美国网络作战力量规模与能力已处于世界领先地位，根据美国 2021 年和 2022 年发布的多项战略和政策文件、美国国防部 2022 和 2023 财年网络空间相关预算等，美国网络作战力量规模仍在持续加强[30]。

为适应不断拓展的网络空间作战需求，不断加强对网络作战机构进行调整优化，重点优化作战体制与机制，全面推进各层级的网络空间实战应用。我国必须加快打造有足够作战能力的网络作战力量体系，有效遏制、抗衡对手对我国的网络威胁；快速推进军队网络空间力量建设，提升我国网络空间作战能力，以谋求未来信息化战争的制胜权。

3.2 英国：网络作战领域的先行者

2020年11月，英国政府宣布第一支国家网络部队（National Cyber Force，NCF）正式建立。其任务重点是保护国防网络安全和军事通信安全，旨在加强英国网络安全态势并提供新的防御和进攻能力。英国计划在未来4年内将国防开支增加241亿英镑（约合315亿美元），包括为新的国家网络部队及全新的太空司令部提供资金。随着网络相关技术的发展和成熟，许多国家纷纷组建国家网络部队。2017年，美军网络司令部升级为美军一级联合作战司令部，其下属133支网络任务部队于2018年5月具备全面作战能力。俄罗斯同样动作频频，不仅组建了"科技连"，还组建了专门执行反黑客任务的特种部队。在这样的国际背景下，英国政府和军方逐渐意识到，有必要建立一支统一的国家网络部队。

1. 英国国家网络安全战略发展

为应对网络空间的安全挑战，加强网络力量建设，英国政府曾经发布过3份国家级的战略文件。2009年，英国政府出台了第一个国家网络安全战略《英国网络安全战略：网络空间的安全、可靠和可恢复性》（*Cyber Security Strategy of the United Kingdom: Safety, Security and Resilience in Cyber Space*），用以指导和加强国家的网络安全建设。随着安全形势和建设需求的变化，

2011年英国政府发布第二版国家网络安全战略《网络安全战略：保护和促进数字世界中的英国》(The UK Cyber Security Strategy: Protecting and Promoting the UK in A Digital World)；2016年英国政府发布第三版国家网络安全战略《2016—2021年国家网络安全战略》(National Cyber Security Strategy 2016-2021)。英国历年来发布的网络安全战略文件（见表3-4）呈现了英国网络空间安全战略的发展进程与关注重点。可以看到，英国的国家网络安全战略聚焦于维护英国本国网络安全，提升英国本国网络安全竞争力，确保英国本国在网络空间的优势地位，从而促进并实现英国本国的经济繁荣、国家安全和社会稳定。

表3-4 英国发布的国家级网络安全战略报告汇总

年份	战略文件	意义和主要内容
2009年	《英国网络安全战略：网络空间的安全、可靠和可恢复性》	英国历史上发布的第一份国家网络安全战略文件，用以指导和加强国家的网络安全建设。该战略的发布让英国成为最早将网络安全提升至国家战略高度的大国之一。该战略的目的是通过改进知识、能力和决策水平，减少风险和漏洞被利用情况。该战略指出，网络空间的风险会威胁到关键基础设施的运行安全，进行关键基础设施安全保护是英国网络空间安全战略的重要内容[31]。该战略描述了英国网络安全的愿景目标，并提出了实现愿景目标应当采取的行动方略和措施
2011年	《网络安全战略：保护和促进数字世界中的英国》	这是英国政府发布的第二版国家网络安全战略，启动了为期4年的国家网络安全计划（NCSP）。相较于第一版战略，2011版战略不再局限于维护网络安全本身，而是试图构建安全而有活力的网络空间。在第二版战略文件中，英国政府阐述了网络空间促进经济增长与社会稳定、网络安全威胁发展变化情况，描述了2015年网络安全的愿景目标，并提出了未来4年的行动方案。该战略强调国家基础设施保护中心的职责和作用，将保护国家基础设施免于网络攻击看作实现战略目标的重要途径
2015年	《国家安全战略和战略防御与安全评估》	这是英国政府官方发布的最权威的、最重要的关于安全战略的文件，具有纲领性的指导意义。该报告是在英国面临更加危险和不确定性的总体国际环境背景下提出的，确认网络安全风险仍是英国经济和国家安全的一级威胁，并且这种威胁的规模和复杂性正在增加。因此，作为网络安全的全球领军者，英国政府将推出强硬和创新的措施解决网络威胁，该报告为后续2016年的第三版国家网络安全战略奠定了坚实的基础

续表

年份	战略文件	意义和主要内容
2016年	《2016—2021年国家网络安全战略》	这是第三版英国国家网络安全战略，指导英国网络安全工作的开展。该战略指出，2021年英国网络安全的愿景是将英国建设成为一个安全的、能有效应对网络威胁的国家，使英国在数字世界中繁荣而自信。实现该愿景的三项关键具体目标分别是防御、威慑和发展。防御是指有能力保护英国免受日益发展的网络威胁，有效应对突发事件，以及确保英国网络、数据、系统的安全与可恢复性。威慑是指有能力探测、了解、调查和破坏敌对的网络行动，追捕和起诉网络侵犯者，以及必要时在网络空间采取进攻行动。发展是指形成科技研发能力全球领先、创新能力强、产业规模不断壮大的网络安全产业；形成自我维续的人才输送渠道，满足公私领域的技能需求。与前两版战略相比，第三版愿景更加宏大和彰显自信，三项关键具体目标之一的"威慑"也是首次提出
2020年	《国家网络安全战略2016—2021进展报告》	根据2016年第三版战略中概述的战略成果，对战略的实施进展情况进行总结，认为英国应对网络犯罪的能力、公民和组织的应变能力，以及网络安全部门的实力都比2016年有进步。3年来，英国建立了许多基础设施，加强了网络安全能力，增强了英国的能力和服务，尤其是在新冠肺炎疫情的情况下，英国抵御住了不断发展的网络威胁，同时保持了对事件进行有效响应。英国网络、数据和系统受到保护，确立了英国在网络安全领域的世界前沿地位[32]

2．英国网络作战力量体系的形成

在应对网络安全威胁的过程中，英国逐渐创建起自己特有的网络作战力量体系。早在2001年，英国军情六处（MI6）秘密组建了一支由数百名计算机精英组成的黑客部队，由此拉开了英国网军的序幕。随后，2009年英国发布首个国家网络安全战略，宣布成立了英国网络安全行动中心（UK Cyber Security Operations Centre，CSOC）和英国网络安全办公室（UK Office of Cyber Security，OCS）。

网络安全行动中心主要负责协调政府和民间机构主要计算机系统的安全保护工作,网络安全办公室则负责协调政府各部门的网络安全计划。其中,网络安全办公室在 2010 年改为网络安全和信息保障办公室(Office of Cyber Security and Information Assurance,OCSIA),为英国内阁办公室的内设机构,职责包括协调国家网络安全和信息保障方面的跨政府工作,管理国家网络安全战略的实施,以及为内阁部长和国家安全委员会提供网络安全方面的决策支持等。网络安全行动中心(CSOC)于 2010 年 3 月正式运营,为直接处理国家安全威胁的政府各部门、私营部门和公众提供政策指导、专门技术和事态通报。2015 年,英国国防部下辖陆军正式整合成立第六师,开辟英军第一个专职情报、监视、网络战和数字宣传任务的师级信息战部队。

2016 年,英国根据第二部国家网络安全战略,成立国家网络安全中心(National Cyber Security Centre,NCSC)。NCSC 于 2017 年 2 月正式运行,隶属于政府通信总部(GCHQ)。国家网络安全中心(NCSC)由英国计算机应急响应小组(Computer Emergency Response Team UK,CERT UK)、信息安全小组(Communications Electronics Security Group,CESG)及网络评估中心(Centre for Cyber Assessment,CCA)3 个网络安全组织合并而成,主要职责包括为公私部门提供应对网络安全威胁的建议和指导,牵头响应网络安全事件等。2020 年,英国成立的国家网络部队(NCF)将会成为英国网络作战力量体系的中心。本质上,NCF 是对英国长期以来逐渐形成的网络作战力量的整合。图 3-2 概述了英国逐渐形成的网络空间作战力量体系。

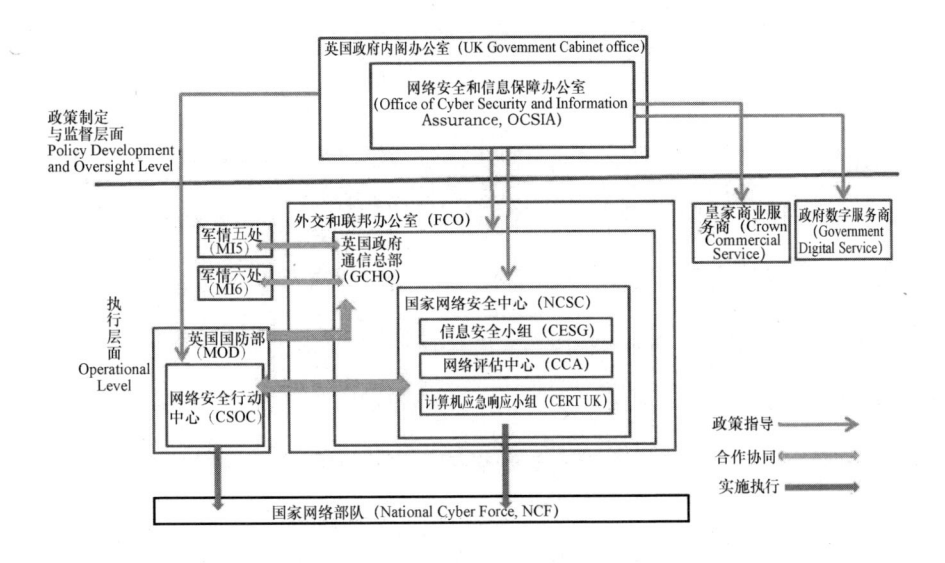

图 3-2　英国网络空间作战力量体系

3. 英国主要的网络作战力量

英国在 2001 年至 2020 年期间，逐渐形成具有自身特色的网络作战力量，没有效仿美国成立像"网络司令部"一样的网络作战机构。如同陆续发布的三版国家网络安全战略一样，英国从自身实际情况出发，形成了政府与军队合力推进网络作战力量发展的道路。网络作战防御性力量隶属于英国政府通信总部（GCHQ）的国家网络安全中心（NCSC），主要负责监控互联网、通信系统安全，并为军方网络战提供相应的情报。防御是国家信息安全中心的核心内容，该组织主抓政府、企业、民间三方网络防御。最新成立的国家网络部队（NCF）则是英国进攻性和防御性网络力量的代表，陆军第六师肩负进攻性网络军事行动，形成分块而治、协作互补的英式网络安全力量部署。

1）网络作战防御性力量——国家网络安全中心

作为英国国家级网络安全的中央机构，国家网络安全中心（NCSC）担负着协调政府各部门网络安全及政府与民间机构主要计算机系统的安全防御工作，是英国网络安全的一道严关。该机构统筹着英国政府、企业、个人在内所有涉及网络安全的防御内容，其主要职能有网络信息共享、网络安全能力、网络威胁应对、网络风险防控。具体通过国防与国家安全局、国家技能与培训及关键基础设施保护中心等机构，进行安全事件响应。

总体而言，国家网络安全中心负责的内容从威胁国家网络安全的 APT，到北约等国际组织网络安全协作，以及涉及社会稳定的关键基础设施网络安全防御，针对个人、企业网络安全钓鱼攻击等，无不在其中。正是这些大到国家网络安全，小至企业、个人的网络安全防御职能，让 NCSC 为英国的网络安全筑起了一道安全防线。

国家网络安全中心作为英国网络安全的核心部门，长期承担着追踪、捕获 APT 的任务。而在捕获 APT 威胁动向后，将第一时间以报告的形式在其官网上进行公布。国家网络安全中心官网曾对 Turla、APT28 等黑客组织的网络攻击工具、攻击技术，以及针对政府、军事、能源、科技、商业组织的攻击情报进行了披露性报道。另外，国家网络安全中心还是"五眼联盟"网络领域合作的承担组织。近年来，在国家网络安全中心的推动下，"五眼联盟"成员国持续推进"幽灵协议""后门"合法化等项目，借此反哺网络防御。在针对个人和企业的网络安全钓鱼攻击的安全防护方面，NCSC 发布《个人和家庭发布数据泄露指南》与《小型企业指南》，同时每周发布威胁报告，为其提供强有力的安全防御能力。例如，在 2021 年 2 月 26 日发布的威胁报告中，NCSC 提示 VMware 已发布安全更新，以解决影响 VMware Center Server 和客户端的远程代码执行的漏洞和服务器端伪造请求的漏洞（CVE-2021-21972 和 VE-2021-21973）。此外，NCSC 还提供一个安全更新程序来解决影响 ESXi OpenSLP 堆溢出的漏洞（CVE-2021-21974），建议尽快安装最新的更新程序以减轻漏洞带来的安全风险。

2）网络作战进攻性和防御性力量——国家网络部队

新成立的国家网络部队（NCF）将英国政府通信总部（GCHQ）和英国国防部的技能、能力和资源集中在一起，专注于进攻性网络——使用黑客攻击和其他网络技术对英国的对手有直接影响。这仅是英国在网络作战进攻性力量建设领域长期工作中的下一步。早在 2013 年，时任英国国防部部长的菲利普·哈蒙德（Philip Hammond）宣布，英国正在"开发包括打击能力在内的全方位军事网络能力"。《2016—2021 年国家网络安全战略》承认政府存在《国家进攻性网络计划》（National Offensive Cyber Programme，NOCP）。该项目始于 2014 年，持续时间大约 7 年。NOCP 随着国家网络部队（NCF）的组建而结束，而 NCF 也正是建立在 NOCP 成功的基础上的。

英国国家网络部队（NCF）拥有 2.5 亿英镑的启动资金（3.27 亿美元），其中 7600 万英镑（1 亿美元）将在第一年投入使用。NCF 由英国政府通信总部（GCHQ）和国防部（MoD）控制，目前在彻特纳姆和全国其他军事场所拥有数百名攻击性黑客人员，并计划在未来将人员增加至 3000 人左右。NCF 从英国政府通信总部、国防部、秘密情报局军情六处（MI6）和国防科学与技术实验室（DSTL）招募首批人员，这些部门的相关网络元素首次统一到单个组织中[33]。NCF 和这些机构之间是伙伴关系，这些机构涵盖了英国从治安到严重犯罪，再到国家安全的所有优先领域，每个机构为 NCF 带来不同的技能。其中，英国政府通信总部提供全球情报；国防科学与技术实验室提供科学技术能力；秘密情报局提供招募和运营特工专长，并提供秘密行动技术的独特能力。国防部对 NCF 的贡献主要基于国防部的"作战专业知识"，以及国防情报局的科学和技术能力。

国家网络部队（NCF）的建设标准是能够进行进攻性和防御性网络作战，主要针对威胁英国国家安全的敌对国家的活动、恐怖分子和犯罪分子开展活动。可能参与的进攻性网络行动包括确保英国军用飞机不受到敌对武器系统的攻击、干扰手机信号防止恐怖分子与其联系人通信、监管互联网防止其成为罪犯进行重大犯罪的全球平台。虽然英国国家网络部队还在发展中，但不可否认，国家网络部队的成立将帮助英国提高其网络安全的进攻和防御能力。

3) 网络作战进攻性力量——英国陆军第六师第 77 旅和第一信号旅第 13 信号团

2015 年，英国成立了一支专门负责网络作战的部队——第 77 旅，在编人数 1500 人左右，专注于基于心理的社交媒体战，并于 2019 年并入英国陆军第六师。利用舆论掩饰、不实谣言、虚假宣传、情绪煽动等网络手段，达成摧毁目标的目的，是第 77 旅的核心职能。为保障网络舆论领域部署全方位落地，第 77 旅下辖的外联组、工程师和后勤参谋团、支援部队、信号活动组、任务组 5 个小组，潜伏在 Twitter、Facebook 等网络平台，伺机而动。

第 77 旅下辖 5 个分支小组，承担英国网军作战部队的主要任务，具体涉及网络攻击分析、信息活动推广、反对抗攻击活动及监视和评估边界或操作区域内的信息环境等。外联组专注国防安全能力建设；工程师和后勤参谋团为国防部和整个政府机构提供工程、后勤和网络通信咨询；支援部队以媒体运营为重点；信息活动组主要进行策略支持；任务组则以部署实施工作为主。

2020 年 6 月，英国国防部启动第 13 信号团，这是英国武装部队第一个专用网络军团，也是英国陆军对潜在对手构成的日益增长的数字威胁做出的现代化反应的一部分。如图 3-3 所示，该网络军团隶属于英国陆军第六师下辖的第一信号旅，主要负责进行情报机动和非常规战争，以支持武装部队。该网络军团拥有大约 250 名专家组成的核心作战力量，其任务是打击对英国海外作战和国内陆军作战构成威胁的力量。这个新部门还将为建立一个测试和实施下一代信息功能的枢纽提供技术支持[34]。第 13 信号军团的创建是"英国陆军 2020 改组"计划的一部分，该计划还包括组建一个执行网络、电子战、情报、信息作战和非常规战的师。英国国防部表示："第 13 信号军团将提供新的陆军网络信息安全运营中心的基础，重点是保护国防的网络领域，并将与皇家海军和皇家空军合作，为所有军事通信提供安全的网络支持。"正如上文所述，第 77 旅和第 13 信号军团的规模虽然远不及国家信息安全中心和国家网络部队，但为英国网络作战提供了坚实的作战基础。

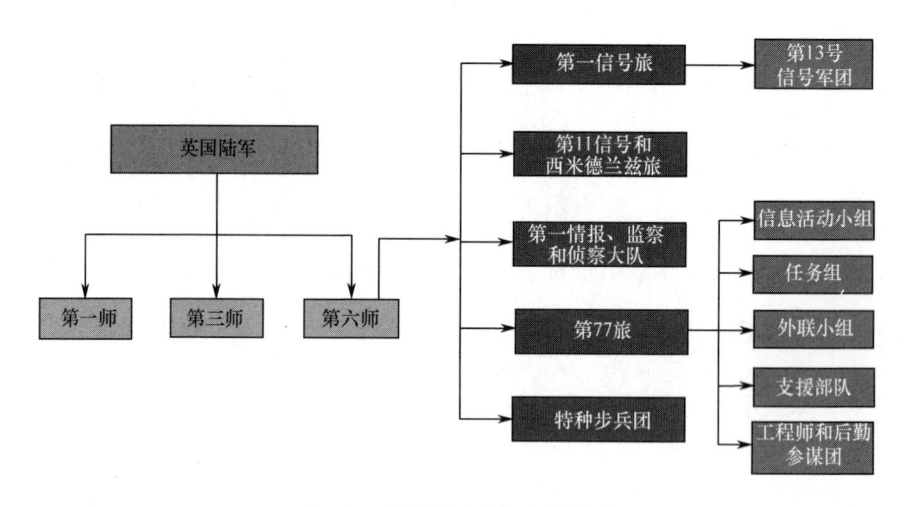

图 3-3　英国陆军及第六师构成

4. 英国网络作战的实战行动

英国发布的最新版国家网络安全战略提出了2016—2021年的行动方案，明确指出需要提升瓦解网络犯罪分子和国外敌对分子网络攻击行动的能力；提升政府系统和网络的防护能力。具体而言，需要侦察并锁定试图对英国及其盟国进行破坏性网络行动的敌对分子；调查和打击网络恐怖主义分子，防止其利用网络能力攻击英国及其盟国；与国际伙伴密切合作，更加有效地应对网络恐怖主义威胁[35]。在英国网络作战实战行动中，应对国外敌对恐怖组织与反击俄罗斯成为英国网络作战部队的核心目标之一。

2017年，英国国防部部长迈克尔·法伦爵士声明，英国已经成功利用进攻性网络武器对伊拉克及其他处于 ISIS 恐怖组织控制下的地区发动网络攻击，并利用"社交媒体战"阻断恐怖组织言论扩散，并且强调进攻性网络武器在对抗 ISIS 恐怖势力的过程中发挥了重大作用与影响。2018年，英国政府指责俄罗斯利用毒剂攻击俄英双重间谍，英国方面借此在舆论、外交、情报等多方面向俄罗斯施加压力，在国际社会掀起了一场反俄浪潮。这使得俄罗斯的处境异常艰难，美国更是借此向俄罗斯施加了新一轮制裁。后经证实，该事件系第 77 旅反俄性质假新闻网络舆论战。2018 年年底，正处俄罗斯与乌克兰关系紧张之际，第 77 旅的部分作战人员曾秘密前往乌克兰，培训乌克兰军事部门抵御俄军网络攻击，并依托乌俄地缘优势，就近发起网络攻击，通过网络攻击手段阻击俄罗斯势力。2020 年年底，英国政府通信总部（GCHQ）发起一项进攻性的网络行动，启用了为应对"伊斯兰国"组织虚假信息和招募材料而开发的工具包，以瓦解眼下敌对国家的反疫苗宣传。该项网络行动的策略重点是删除与敌对国家有关的内容，瓦解相关网络参与者的行动，包括对他们的数据进行加密，使他们无法访问数据，并阻止他们彼此之间的通信。

近年来，世界强国围绕网络空间的博弈日益激烈。英国经过多年的努力和不断优化完善，从持续发布的三版国家网络安全战略，到逐渐建立具有自身特点的国家网络作战力量体系，再到建立国家网络部队的最新进展，从这一系列的举措不难发现英国高度关注网络安全并重视网络作战力量建设，同时表明，在日趋激烈的国际网络空间角逐中，英国将占据重要的一席之地。

3.3 澳大利亚：网络作战领域的筑城者

尽管澳大利亚与中国在经济上长期相互依存，但随着中国国力的提升和"海上丝绸之路"计划的铺开，中国与东南亚及太平洋岛国的联系越发紧密，这让一向视这些地区为"后院"的澳大利亚产生了危机感。加上与周边国家在民族与文化上的隔阂，近几届澳大利亚政府毫不掩饰地向美国靠拢，试图借助以盎格鲁－撒克逊文化为纽带的联盟体系来维持其在印度洋－太平洋（以下简称"印太"）地区的大国地位，澳英美三国结成的安全合作联盟"AUKUS"便是这一心态的突出例证。在此背景下，澳大利亚的网络作战力量势必奉行遏华策略，甚至凭借其隐匿性而成为对华博弈的排头兵，因此，有必要对澳方在网络领域的动向保持高度警惕。

1. 政策演进

在 21 世纪以前，澳大利亚没有专门的网络作战力量，仅依靠《犯罪立法修正案》等法律来打击包括网络犯罪在内的计算机犯罪。不过，随着"9·11"事件的爆发，澳大利亚开始全面加强国家安全能力，其中一项举措就是授权国防信号局（DSD）开展网络安全行动。当时 DSD 的任务既包括保护政府/国防基础设施的通信信息安全，也包括协助澳大利亚国防军（以下简称"澳军"）搜集和处理各类数据，澳大利亚的网络作战力量建设由此起步。

第 3 章 主要国家网络作战力量建设情况

在此后 20 年间，澳大利亚政府先后发布多份关于网络安全的政策文件，其中涉及网络作战力量的要点主要如下。

- 2009 年发布第一版《网络安全战略》，首次明确了澳大利亚在网络安全领域的原则和目标，澳政府随之组建了两个国家级的网络安全机构：隶属于 DSD 的"网络安全行动中心"（CSOC）和隶属于律政部（Attorney-General's Department）的"计算机应急响应组"（CERT）。这两家机构相互合作，共同保障澳大利亚的网络与计算机安全。

- 2013 年发布《澳大利亚国家安全战略》，将"恶意网络活动"视为国家安全七大风险之一，而为集中力量应对网络威胁，澳政府要求 CERT 等相关机构向 CSOC 派驻人员，并将 CSOC 改组为"澳大利亚网络安全中心"（ACSC）。此举使 ACSC 成为澳大利亚政府中负责网络安全的头号文职机构。

- 2016 年发布《2016 年网络安全战略》，制定了旨在启动应急响应和研判事件性质的国家级网络防御框架，并承认澳大利亚拥有网络攻击能力。按照该版战略的要求，澳政府加强了国防部、澳大利亚信号局（ASD）和联邦警察等部门的网络能力，在澳军内新设信息战司，并在 ACSC 下设立若干"联合网络安全中心"（JCSC），以作为各级政府和产业界之间的对接渠道。

- 2016 年发布《国防白皮书》，将提升网络和情报能力作为澳军的战略方向之一，并强调"深化与美国的伙伴关系"是澳大利亚国家安全政策的落脚点。因此，该白皮书要求澳大利亚在制定网络政策和开展网络行动时，应着重加强澳美两军之间的整合、互操作和情报共享。

- 澳大利亚在 2020 年内密集发布了多份相关文件：7 月发布的《国防战略更新版》(*Defense Strategic Update*) 和《军力结构计划》(*Force Structure Plan*) 强调"情报是一切有效军事行动的立足点"，并将网络攻击能力视为国家威慑力的重要组成部分；8 月发布的《2020 年网络安全战略》大幅提高了网络安全领域的投资，其中包括耗资 3160 万澳元来壮大 ACSC"打击境外网络犯罪的能力"，这显然是提升网络攻击能力的委婉说法；澳军在 2020 年内还发布了一份保密的网络行动军事学说，据称其内容与美军的网络行动学说相仿。

2. 组织架构

澳大利亚的网络作战力量集中在澳大利亚信号局（ASD）和澳大利亚国防军（ADF）两大机构，不过正如图 3-4 所示，其他机构也在为澳方的网络作战能力提供支撑，使得澳大利亚形成了一套相对完整的网络作战力量体系。

1) 澳大利亚信号局

澳大利亚信号局（ASD）是澳大利亚的国家安全机构之一，其主管着澳大利亚的网络情报行动、网络安全行动和网络攻击行动。ASD 主要承担以下 4 类任务：①获取外国的信号情报（按照"五眼联盟"的内部分工，ASD 负责监控东亚和南亚地区的信号情报，尤其是中国和印度尼西亚的情报）；②掌握网络威胁态势,并向政府、企业和社区提供网络风险管理方面的建议和协助;③对境外组织和个人发动网络攻击,以支持澳方的军事行动,或借此打击恐怖活动、网络间谍活动和网络犯罪等;④及时向政府、企业和社区提供网络安全信息和建议。澳大利亚的网络行动大多由 ASD 负责,但"澳大利亚安全情报组织"(ASIO)有时也会与 ASD 共同开展澳境内的网络行动。

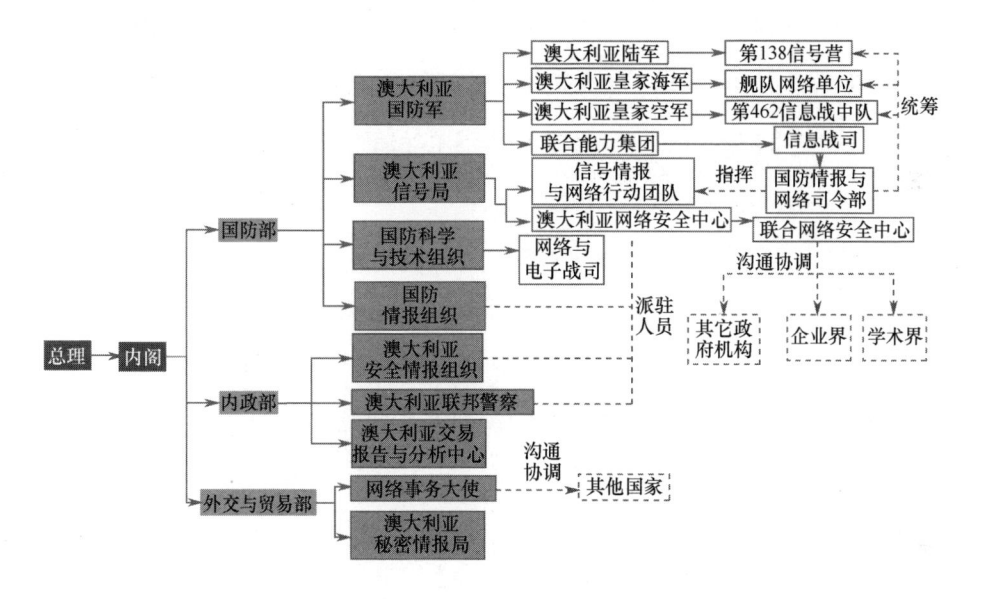

图 3-4 澳大利亚网络作战体系

ASD 的前身是成立于 1947 年的"国防信号局"(DSD),几经改组后,于 2017 年成为独立于澳军的国家安全机构,但仍受国防部管辖。ASD 下设澳大利亚网络安全中心(ACSC)、"信号情报与网络行动"(Signals Intelligence and Network Operations)部门和"团体与能力"(Corporate and Capability)部门,是澳大利亚最全面、最强大的网络作战力量。在 2019 年发布的《澳大利亚信号局 2019 至 2020 年机构规划》中,ASD 宣称将建立世界级的网络攻击能力,并强调将与盟友合作实施网络攻击行动。

（1）澳大利亚网络安全中心。澳大利亚网络安全中心（ACSC）由网络安全行动中心（CSOC）改组而来，并于 2018 年从澳军转隶 ASD。ACSC 主要负责民事网络安全，包括持续监控全球网络威胁，发生网络事件时向个人、企业和关键基础设施运营商提供建议，与澳大利亚及外国的政府、学术界和企业合作开发网络安全解决方案，牵头制定文职部门的网络政策，以及配合执法部门打击网络犯罪等。作为政府、企业与民众之间的网络安全枢纽，ACSC 吸纳了来自 ASD 内外的网络与电信专家、战略情报分析员、计算机应急响应小组、网络安全政策编制者和网络犯罪调查员等专业人士，并在多地开设了"联合网络安全中心"（JCSC），以作为地方政府、学术界、国际合作伙伴及关键基础设施提供商等私营部门之间的信息共享平台。

需要指出的是，ACSC 主管历来都兼任 ASD 副局长，并一度担任澳大利亚总理的网络安全特别顾问，而现任 ASD 局长也是由前 ACSC 主管升任的。可见，ACSC 虽不参与网络作战，但很大程度上主导着澳大利亚的网络安全事务。

（2）信号情报与网络行动团队。信号情报与网络行动团队负责搜集、分析和生成信号情报，以及依托 ASD 网络开展各种行动。该部门下设一个情报处和一个网络行动与网络访问处，其中前者负责与外国信号情报有关的任务，后者负责开展进攻性网络行动。

（3）国防情报与网络司令部。国防情报与网络司令部（DSCC）是由 ASD 与澳军共同组建的网络作战指挥机构，下辖联合网络单位（JCU）和联合信号情报单位（JSU）。虽然 DSCC 在行政上隶属于澳军，但其吸纳了来自 ASD

的文职人员,并由前 ASD 官员领导,因此与 ASD 渊源颇深。DSCC 可以统一指挥澳军所有的信号情报人员和 ASD 网络人员,以免在网络行动中出现指挥权不明的问题。

2)澳大利亚国防军

澳大利亚国防军(ADF)的海、陆、空三军均组建了专职的网络部队,三军之外还设有信息战司来协调澳军的网络行动,并另设网络与电子战司(CEWD)以研发网络作战技术。不过澳军近几年才开始加快发展网络作战能力,其现有的网络部队皆以网络防御和网络保障为重,因此,网络攻击行动目前仍由 ASD 主导。

(1)信息战司(IWD)。信息战司成立于 2017 年,隶属于澳军"联合能力集团"(JCG),下设"情报、监视、侦察、电子战与网络"(ISREW & Cyber)、"太空与通信""联合指挥与控制"(JC2)、"国防信号情报与网络司令部"(DSCC)和"联合影响力活动理事会"5 个部门。信息战司负责发展澳军所需的一切信息战能力,以及联合"指挥、控制、通信及计算机"(C4)能力,包括保护澳军的网络与任务系统、开展各种演训活动及参与救灾活动等。此外,为更好地了解最新的信息战威胁,信息战司还与政府机构、企业界和学术界保持着密切的合作关系。信息战司成立时的编制为 100 人,计划到 2027 年时增加至 900 人。

信息战司的职责并非直接指挥作战,而是培养、训练和保持各军种所需的信息战和太空情报等支援能力。执行进攻性网络任务时,信息战司下设的 DSCC 将制订行动计划,然后由 ASD 按计划开展行动。

（2）空军第462信息战中队。第462信息战中队曾是传统的空军单位，后于2005年改组为不执行飞行任务的信息战部队，现隶属于澳大利亚皇家空军司令部空战中心信息战局（IWD）。第462信息战中队在2019年年末时拥有约100名专职网络人员，是澳军中规模最大的网络作战力量。该中队下设"网络防护小队"（CPF）、"情报小队""训练与标准小队""行动支援小队"和工程维护科等单位，其职责是保护空军（尤其是第五代战斗机）的数据、系统和能力免受网络攻击，具体任务包括提供专家建议、验证空军的各类任务系统和网络、处理网络事件，以及参与各种网络演习和网络行动等。第462信息战中队的总部位于南澳大利亚州的爱丁堡空军基地（RAAF Base Edinburgh），并在该总部、堪培拉市和威廉镇基地（RAAF Base Williamtown）均驻有CPF。

第462信息战中队从2019年开始招收网络战专家，他们主要承担如下4项任务：①处理恶意软件；②根据网络领域的新发现和新对策来加固各类系统；③规划网络战行动；④模拟网络攻击。第462信息战中队已开发了一种名为CyberSim的模拟网络环境，这种环境能够模拟数千台计算机及它们之间的网络流量，从而为网络战人员提供可控的训练环境。第462信息战中队的"网络漏洞调查小组"（CVIT）正通过CyberSim模拟空军系统的完整网络，以开展漏洞评估训练；该中队的各支CPF在CyberSim中进行网络威胁防御训练。值得注意的是，第462信息战中队会依照真实黑客组织的"战术、技术和程序"（TTP）来生成训练所需的恶意程序，这表明该中队至少拥有与黑客组织相近的网络攻击能力。目前第462信息战中队正在与负责网络防御项目的"9131联合项目组"（JP 9131）共同改进CyberSim，以便将其升级为训练更有深度、环境更加真实的"国防网络靶场"(DCR)。

（3）陆军第 138 信号营。第 138 信号营隶属于澳大利亚陆军部队司令部下辖的第 6 作战支援旅第 7 信号团，是澳陆军最主要的网络防御部队。2019 年年末，第 138 信号营拥有约 50 名专职网络人员。在 2019 年举行的"联合网络技能挑战赛"中，第 138 信号营战胜了来自澳军其他部队、ASD、ACSC、"国防科学与技术组织"(DSTO)、"五眼联盟"盟国部队及产业界的其余 44 支队伍，从侧面印证了其拥有不俗的网络作战能力。第 138 信号营还于 2020 年年初参与了澳洲国民银行（NAB）的网络攻防演习，这意味着在必要时澳方可调动第 138 信号营来加强银行等关键基础设施的网络防御能力。

（4）海军"舰队网络单位"。"舰队网络单位"(FCU) 是澳大利亚皇家海军于近年组建的网络部队，负责保护澳海军的关键任务系统免遭敌方入侵、操纵或破坏，以及将加密网络纳入澳海军的所有网络行动中。FCU 是陆、海、空三军中规模最小的军种级网络部队，2019 年年末仅有 16 人。FCU 于 2020 年首次执行随舰任务，两名 FCU 成员被派驻到在中东执行任务的护卫舰"图文巴"(Toowoomba) 号上，负责搜索网络中的异常趋势和恶意活动，并以简报会的方式来提升舰员的网络安全意识。

除 FCU 外，澳海军还设有专司网络作战的通信与信息战官（CIWO），其主要职责是从总体上保障所有舰艇和人员的网络安全，但也负责支持 FCU，并与美国、英国、加拿大和新西兰等盟友开展海军网络安全合作。

（5）网络与电子战司。网络与电子战司（CEWD）隶属于澳国防部下辖的研究机构"国防科学与技术组织"(DSTO)，该司整合了澳军在网络、电子战、信号情报及通信领域的科研能力，主要职责是为澳军及 ASD 等国家安全机构提供这些领域的军用技术和专家建议。CEWD 的研究领域分为五大类：冲突环境下的通信、网络感知与塑造、网络战行动、电子监视与协调、电子战行动，其中前三者与网络空间关系密切。具体而言，"冲突环境下的通信"团队研究战术组网所需的卫星通信技术、抗毁网络、无线协议，以及针对定位、导航和授时（PNT）系统的电子攻防；"网络感知与塑造"团队研究网络访问技术、通信网络、通信信号处理及密码学；"网络战行动"团队研究可信军用系统、网络防御、网络安全认知及任务的保护与效果。

在网络技术上，CEWD 现已成功研发了可接入保密网络的硬件模拟设施，用于理解大规模复杂网络的分析工具，以及多种可抵御木马的可信信息通信技术（ICT）设备。未来 CEWD 将侧重于网络、信号情报、通信和电子战领域间的技术整合与保障，以便为各种平台、电子系统和网络提供全谱任务能力。

3. 网络攻防能力

1）网络防御能力

澳大利亚在网络防御上表现平平，尽管其并未遭遇堪比"太阳风"事件的重大网络威胁，但澳总理在 2020 年 6 月称，澳大利亚的各级政府、政治组织及关键基础设施运营商等均遭到国家级黑客组织的入侵。为应对这一局面，澳大利亚已建立了全国性的网络安全信息共享平台和网络事件响应机制，并在政府机构和私营企业中大力推行多个网络安全项目。

(1) 政府机构：防护策略难以落地，安全项目相继启动。

政府网络一向是网络攻击的首选目标，作为澳大利亚政府中的头号网络安全部门，澳大利亚网络安全中心（ACSC）会调查政府机构遭遇的网络安全事件，与电信、金融、能源和国防等领域的政府机构和企业共享网络威胁情报，并共同制定防范和减轻网络威胁的建议。不过政府机构普遍对改善网络安全一事态度消极，例如，澳大利亚国家审计署（ANAO）于 2019 年发现，72%的政府机构都尚未全面落实《保护性安全政策框架》（PSPF）中的网络安全策略；截至 2021 年 2 月，仍有 65.5%的政府网站未采用"超文本传输安全协议"（HTTPS）。鉴于此，ACSC 已启动了若干专门面向政府机构的网络安全项目。

① 域名系统防护项目。ACSC 于 2020 年 2 月启动"域名系统防护"（PDNS）项目，以阻止政府设备访问存在勒索软件、网络钓鱼程序或其他恶意内容的网站。PDNS 项目不仅能阻断访问，还能通过沉洞（Sinkhole）等技术实现网络安全态势感知。在 2020 年 4 月至 12 月的试点期间，PDNS 处理了来自 8 家政府机构的约 20 亿次查询请求，防止了 15 万次以上的网络事件。鉴于 PDNS 的出色表现，ACSC 计划在 2021 年至 2022 年将该项目扩展到所有政府机构。

② 主机传感器项目。ACSC 于 2019 年启动"主机传感器项目"，以监测政府网络中的网络入侵迹象。截至 2020 年 9 月，ACSC 已在 50 家政府机构的约 4 万台联网设备（包括服务器、工作站和笔记本等）上安装了超过 3.6 万套监控软件（即所谓的"传感器"），以识别恶意网络活动、确认威胁指标

和协助制定安全对策。通过分析从这些主机上收集的数据，ACSC 得以更深入地了解政府 ICT 系统的网络漏洞，检测网络入侵，减轻网络攻击的后果，并为参与该项目的政府机构提供了针对性的改进建议。

③ 网络卫生改善项目。ACSC 于 2019 年启动"网络卫生改善项目"（CHIP），以便自动发现和上报各级政府机构的网络卫生问题。截至 2020 年 8 月，CHIP 已覆盖了 187 家政府机构的 71315 个政府网域，其主要功能如下：扫描政府服务器中的电子邮件是否加密；扫描政府网站是否及时更新了安全软件和证书；扫描政府机构的互联网端口是否存在严重的安全漏洞；在网络安全事件突发时迅速查找政府网络中的相应漏洞，并向可能受影响的政府机构通报事态和建议；帮助政府机构了解其网络服务的安全态势。

④ 网络工具箱项目。ACSC 于 2020 年 4 月启动"网络工具箱"（Cyber Toolbox）项目，以便向政府机构提供一系列软件工具及相应流程，使它们能对照"基本八策"（Essential Eight）来自行评估网络安全成熟度。截至 2020 年 9 月，ACSC 已向 6 家试点机构提供了两种工具［即"基本八策成熟度验证工具"（E8MVT）和"应用程序控制措施验证工具"（ACVT）］，并正在开发更多工具。

⑤ 网络成熟度衡量项目。ACSC 于 2020 年启动"网络成熟度衡量项目"（CMMP），其派出的专家将依据"基本八策"来审查其他政府机构的 ICT 系统，提出改善网络安全的针对性建议，必要时还会通过"网络安全善后项目"（CSAP）提供后续服务，甚至通过"ACSC 政府网络安全提升服务"（ACSUSG）

提供经费支持。

（2）私营企业：安全能力乏善可陈，电信企业担当中坚。

澳大利亚的网络安全企业众多，基本覆盖了从网络治理到网络防护，再到网络检测与响应的整个网络安全领域。其中一些企业参与了澳军的网络能力建设，例如，FifthDomain 公司于 2020 年为信息战司开发了名为"快速国防网络训练"（ADCT）的网络训练平台，Elttam 公司在该平台上扮演网络攻击方，Penten 公司则为该平台提供由人工智能生成的内容和用户行为。不过根据《澳大利亚网络防御产业能力》报告，截至 2020 年年初，只有 Kinetic IT、OpSys 和 Pure Security 等少数企业才能提供全面的网络安全服务，且没有一家企业被列入 The Manifest 网站评选的 2021 年百大网络安全企业，这反映出澳大利亚私营企业的网络防御能力总体上乏善可陈。

值得一提的是，澳大利亚最大的电信公司 Telstra 在网络安全上肩负着特殊职责。Telstra 公司于 2019 年启动了一项名为"更清洁的管道"（Cleaner Pipes）的 DNS 过滤项目，以阻断来自"僵尸"网络的控制命令，以及防止下载远程访问木马或其他恶意软件。截至 2020 年 5 月，Telstra 公司称其已阻断了数百万次涉及恶意软件的通信。目前包括大型银行、大型电信服务商、大型零售连锁店和保险机构在内，已有 20 多家公司同意参与该项目，该项目一旦全面铺开，必将大大增强澳大利亚的大规模网络检测与阻断能力。

（3）协调机制：信息共享成为关键，全国演练因时而异。

澳大利亚已推出了"澳大利亚互联网安全倡议"（AISI）、"网络威胁情报共享"（CTIS）平台、"联邦首席信息安全官论坛"（CCISOF）及若干网络安全演习等多种关乎网络安全的信息共享与机构协调机制，其中最重要的当属"网络事件管理安排"（CIMA）和"国家演练项目"（NEP）。

CIMA 是由国家网络安全委员会（NCSC）于 2018 年制定的国家级网络响应机制，其并非具体的操作规程（此类规程由各级政府及其他机构自行制定），而是在发生网络事件时协调各辖区工作的指导原则。CIMA 至少每 3 年接受一次审查，其宗旨在于共享信息而非统一谋划，体现了澳大利亚网络安全体制的责任共担原则。

NEP 是由 ACSC 主办的国家级网络安全活动，旨在锻炼关键政府机构和私营部门在网络安全方面的战略决策、行动与技术能力，以及沟通与协调水平。每年的 NEP 都围绕特定领域展开：2019 年的 NEP 着眼于电力行业，2020 年的 NEP 因疫情取消，2021 年的 NEP 着眼于供水与废水处理行业。NEP 一般分为实地演习和战略讨论两个部分，但规模不大（如 2019 年的 NEP 中只有 560 人参与实地演习，25 人参与战略讨论）。不过 2020 年版《网络安全战略》已要求 ACSC 扩大 NEP 的规模，另外，NCSC 也会根据 NEP 的结果来修订 CIMA。

2）网络攻击能力

澳大利亚将网络攻击行动分为作战和执法两大类，其中网络作战行动由澳军制订计划并遵从澳军的交战规则，由 ASD 的网络技术人员具体实施；网络执法行动则由"澳大利亚联邦警察机构"（AFP）等部门单独批准和实施，澳军并不参与。澳大利亚不反对他国发展网络攻击能力，但呼吁各国尽量公

第 3 章　主要国家网络作战力量建设情况

开自身的网络攻击实力和攻击行动。

（1）网络作战：网络渗透可圈可点，高端能力尚待考验。

澳大利亚时任总理特恩布尔于 2016 年宣布对恐怖组织"伊斯兰国"发动网络攻击，这是澳方首次承认其具备网络攻击能力，也是其唯一公开的网络作战行动。据媒体报道，在 2016 年 7 月，ASD（由黑客、语言学家、IT 专家、情报分析员、文化专家和反恐专家等 20 人组成）以电子邮件网络钓鱼等方式渗透进约 100 人组成的"伊斯兰国"网络，最终发现了 10 个可供入侵的漏洞。到 11 月，ASD 团队加入美国主导的"光辉交响曲行动"（Operation Glowing Symphony），其成员分为若干小组入侵敌方账户，下载所有内容后将其彻底删除（包括托管的原始宣传材料和材料设计平台等），然后锁定了这些账户。ASD 通过此次行动截获了 3 TB 的数据，其中包括"伊斯兰国"内部的身份信息、电子邮件、联系人、财务账户、照片和视频及文件等。"伊斯兰国"成员再也无法访问原有的电子邮箱、虚拟专用网络（VPN）和媒体制作平台，其宣传能力受到严重削弱。虽然此次攻击的细节不得而知，但仍可从中看出一些端倪。

首先，ASD 并未动用诸如"震网"的网络病毒武器。不论从新闻报道还是从当时的恶意软件传播形势来看，此次攻击都没有动用病毒武器。毕竟恐怖分子藏身于互联网（而非与世隔绝的伊朗核设施），作为病毒武器的恶意软件多半会扩散到互联网中，造成巨大的附带损伤，这肯定是澳方不愿看到的。更何况从"震网"的例子来看，尖端网络武器技术复杂、成本高昂、研发时间漫长、适用范围狭窄、投送困难且往往只能使用一次，仅适合在关键时期瘫痪敌方战略性目标。对澳大利亚而言，其既没有理由将网络武器浪费在千里之外的恐怖组织身上，也没有足够的资源来开发这种一次性武器。

其次，ASD 具备一定的社会工程学攻击能力。ASD 之所以让语言学家和文化专家参与网络作战，显然是为了更好地欺骗恐怖分子以进入内部网络，为之后夺取系统权限奠定基础。在 2019 年的一次演讲中，ASD 局长也举例说明了一名 ASD 人员是如何冒充恐怖组织指挥官，最终说服一名极端穆斯林放弃"圣战"的。然而，"伊斯兰国"这种热衷于招募人手的组织本来就很难防范社会工程学攻击，所以，很难断言这种攻击方式对戒心十足的高端对手是否奏效。

最后，ASD 更倾向于网络渗透而非网络破坏。此次攻击并未以洪泛攻击等方式直接瘫痪"伊斯兰国"的系统或服务，而是进入内部网络后利用漏洞获取系统权限，再依靠这些权限开展行动。按照 ASD 局长的说法，他们仅在非常特殊的情况下才会直接破坏网络，许多时候则是采用"微妙而复杂的手段"，以便在关键时刻突然瘫痪对手的通信能力。与洪泛攻击或恶意软件等直截了当的攻击方式相比，网络渗透更加隐蔽，但缺点在于需要长期准备，且随时都可能因被发现而前功尽弃，比如经过精心策划的"太阳风"供应链渗透行动便是如此。虽然 ASD 也有能力实施网络破坏，但此类能力未经过实战检验（目前没有任何一起重大网络事件被归咎于澳方），能否瘫痪网络强国的高弹性网络尚不可知。

（2）网络执法：执法工作收效良好，境外行动引发争议。

ASD 于 2019 年宣布将境外网络犯罪分子也纳入网络攻击的范畴，而根据澳大利亚"网络安全行业咨询委员会"统计，通过网络攻击行动及与英国政府通信总部（GCHQ）等外国同行的合作，ASD 已屏蔽 / 关闭了全球范围内 6000 多个涉嫌网络犯罪的网站，避免了 9000 多万澳元的经济损失。ASD 下设的 ACSC 还于 2019 年推出了网络犯罪上报平台 ReportCyber，该平台在 2019 至 2020 年处理了 59806 份网络犯罪报告，相当于每 10 分钟就处理一份报告。ReportCyber 平台不但明显加快了 ASD 及警方的网络执法速度，还有助于 ASD 掌握网络犯罪的模式和趋势。除 ASD 外，AFP 也组建了若干多学科网络犯罪调查团队，据称这些团队有能力发现、锁定、调查和消灭网络犯罪，甚至打击暗网上的犯罪。

鉴于澳大利亚的网络作战和网络执法均由 ASD 主导，澳方的这两种能力并无本质区别。不过大部分网络犯罪都意在追求经济利益，所以，澳大利亚交易报告与分析中心也会参与网络执法，利用其专业金融知识来追踪犯罪收益的去向。另外，与其他国家相比，澳大利亚的一大优势是能通过情报和技术合作来打击网络犯罪，甚至借盟友之手直接关闭位于境外的服务器。然而，也有观点认为，既然澳大利亚能以执法的名义攻击境外网络，那么其他国家也会如法炮制，纷纷以"境外网络犯罪"为由公然攻击他国网络，从而加剧网络空间的紧张态势，甚至引发更多网络安全事件。

4．发展趋势

1）高调推行网络威慑战略

澳大利亚是少数公布网络威慑战略的国家之一，其在 2021 年发布的《澳大利亚的国际网络与关键技术参与战略》中阐述了澳方网络威慑战略的四大核心要素，即挫败、示意、回应和国际合作。具体而言，"挫败"是指阻止、发现、破坏和遏制网络攻击行动，以提高攻击方的攻击代价或降低其攻击收益；"示意"是指向网络攻击方发出明确、一致且可信的信息，表明澳方有足够的能力和意愿让攻击方付出代价；"回应"是指针对恶意网络活动酌情采取外交、经济、执法乃至军事手段，不过只有在符合国家利益的情况下澳方才会做出回应，且未必会公开回应；"国际合作"是指澳方会与盟友和合作方共同应对网络攻击，并认为这种合作能提高网络威慑的效果。不过和其他宣布网络威慑战略的国家一样，澳大利亚也声称"将在国内法和国际法的框架内开展行动"。

虽然澳大利亚希望借网络威慑战略来吓阻网络攻击，但能否如愿还有待观察。一方面，网络攻击溯源的技术难度较大，澳大利亚并不以网络技术见长，而若无法确定攻击方，最核心的威慑要素——回应——就无从谈起。澳大利亚虽可请求美国提供溯源情报，但两国的利益终究有别，美国是否愿意提供情报及其情报是否准确都难下定论。另一方面，澳大利亚在网络战领域尚无亮眼战绩，仅仅攻击过"伊斯兰国"这样缺乏研发能力和基础设施的弱敌，这让国家级对手很难相信澳大利亚拥有足够的报复能力。不过澳大利亚若能拉拢美国共同实施报复，则或许能够起到一定的威慑作用。从将"国际合作"作为核心威慑要素来看，澳方也深知网络威慑的效果恐将取决于美方的支持力度。

2）大力扩充网络攻防队伍

虽然 ASD 是澳大利亚实力最强大的网络机构（ASD 在 2020 年年末时有 1952 人），但 2020 年版《澳大利亚网络安全战略》仍承诺在未来十年内将

ASD 的编制再扩增 500 人，而许多提及网络攻击行动的 ASD 官方声明也都附带招募信息。这些信息透露出 ASD 的网络攻击能力多半受到人才不足的掣肘，使其急于扩充网络攻防队伍。

澳军的网络攻防队伍比 ASD 更加孱弱，全军的专职网络人员在 2019 年年末时仅 300 人左右，且因待遇不佳和工作难度而频频离职。为了能在 2027 年前按计划扩充至 900 人，信息战司推出了名为"澳大利亚国防军网络补缺项目"（ADF Cyber Gap Program）的培训项目。该项目提供了高额补助，并可颁发最高至硕士的文凭，这对经济条件一般的学员来说颇具吸引力。值得注意的是，除常见的网络安全方面课程外，该项目还包括网络作战规划课程，这意味着澳大利亚已将网络攻击视为无须避讳的"常规"网络能力，这种开放的态度无疑有助于吸引更多网络作战人才。该项目虽不强求学员加入澳军，但学员毕业后势必大多都将从事网络安全工作，这对提升澳大利亚全国的网络安全水平大有裨益。

3）积极加强政企信息共享

在澳大利亚的网络安全体系中，ACSC 下设的"联合网络安全中心"（JCSC）承担着重要的桥梁和纽带作用。从 2017 年起，ACSC 在布里斯班、悉尼、墨尔本、珀斯和阿德莱德等大城市相继开设 JCSC，以便与当地的其他政府机构和企业进行交谈、举办培训和开展演练等。仅在 2021 年上半年，各地的 JCSC 就举办了 200 多场线上线下活动，在此期间向有关单位提供了高度敏感的网络威胁情报。截至 2020 年年末，已有来自各级政府、商业界和学术界的 667 家机构加入了 JCSC 推出的"ACSC 伙伴关系项目"。

2020年版《澳大利亚网络安全战略》在未来十年内为 JCSC 划拨了 6700 万澳元的高额预算,这反映出澳政府对 JCSC 寄予厚望。未来 ACSC 很可能在达尔文等其他大城市继续开设 JCSC,以提升重要政府机构和企业的网络安全意识和威胁防范能力。

4)全面深化澳美网络合作

澳大利亚政府一向将美国视为最重要的盟友,不论是在美国发动的历次战争中,还是在美国建立的"跨太平洋伙伴关系"(TPP)和"四方机制"(Quad)等印太合作关系中,都能看到澳方的身影。在网络领域,除臭名昭著的"五眼联盟"外,2021年9月结成的澳英美安全合作联盟"AUKUS"也将网络能力、人工智能和量子计算确立为三国的优先合作方向,而此前澳美两国于 2020 年 11 月签署的《网络训练能力项目安排》或许正是此类合作的前奏:按照该协议,澳军将使用美军的网络训练平台"持久性网络训练环境"(PCTE),美军则将根据澳方意见来改进 PCTE。此外,澳美两军也积极参加对方的网络演习,如澳军每年都会参加美军主办的"网络夺旗"(Cyber Flag)演习,而澳军主办,美日等国参与的"护身军刀"(Talisman Sabre)军事演习也从 2017 年开始增设网络攻防科目。

澳大利亚的网络政策可谓是随美国起舞,其不但支持美国的"网络威慑倡议",还早在 2018 年就响应美国号召,成为全球第一个禁用中国 5G 设备的国家。这背后主要有三大原因:一是美国以终止"五眼联盟"情报共享为筹码向澳方施压;二是澳大利亚将自身定位为西方国家,尤其是盎格鲁—撒克逊国家,对民族和文化相去甚远的周边国家抱有很深的不信任感,以至于不惜牺牲经济利益也要维持与西方特别是美国的关系；三是随着中国国力的增长，澳大利亚担心其在印太地区被边缘化，于是希望通过加强澳美合作来"对冲"中国的影响力。受这些因素的影响，不论未来澳中关系是否转圜，澳大利亚都将继续加强包括网络在内的澳美合作。

5) 重金搅局印太网络建设

2020 年版的《澳大利亚网络安全战略》声称将支持印度洋－太平洋地区的网络能力建设，以打造开放、自由和安全的印太网络空间。为此，澳大利亚外交与贸易部早在 2016 年就推出了面向东南亚和南太平洋地区的"网络合作项目"，而待该部任命的"网络事务大使"于 2021 年发布《澳大利亚的国际网络及关键技术参与战略》后，该项目又扩大为"网络与关键技术合作项目"（CCTCP）。澳大利亚为 CCTCP 投入了 7150 万澳元，并称 CCTCP 旨在帮助印太国家运用网络技术及其他关键技术。然而，从公开报道来看，澳方并未向相关国家转移任何关键技术或启动任何基础设施工程，仅是每年向伙伴国提供最多 3 次名为"网络训练营"（Cyber Bootcamp）的培训活动。按照澳方的说法，该训练营将为东盟各国的政府官员提供专家建议和技能培训，以帮助他们了解网络及其他关键技术领域的机遇和风险，制定国家层面的网络决策，以及建立国际网络安全稳定框架等。

考虑到澳方为 CCTCP 投入的巨额资金，以及"网络训练营"由澳大利亚国立大学国家安全学院（而非 IT 院系）操办的事实，CCTCP 的真实用意怕是操纵印太国家的网络安全政策，从而加强澳大利亚在网络及关键技术领域的话语权，甚至建立排斥他国 ICT 的统一阵营。不过尽管澳大利亚对

CCTCP满怀期待，但该项目覆盖众多国家，分摊到各国的资源属实有限；更遑论其中的老挝、柬埔寨、巴布亚新几内亚和斐济等国经济水平低下、网络技术人员稀缺，对这些网络能力相当落后的国家来说，"防范国家级网络威胁"不论从经济上还是技术上都更近似于一种奢谈，因此，CCTCP能起到多大效果（尤其是在妨碍印太国家与新兴大国的务实合作方面）值得怀疑。

3.4 印度：网络作战领域的野心者

过去十年来，随着各国对网络的依赖程度日益加深，网络空间已成为国家间冲突的最新舞台。美俄、美伊、俄欧、以伊等国家和组织之间的网络战愈演愈烈，而作为用户数量仅次于中美的互联网大国，印度自然也不会置身事外。为确保印度的网络安全，并为"数字印度"等以网络为核心的国家项目提供保障，印度建立了一套较为庞杂的网络安全体制机制，并借鉴美国的网络司令部模式来发展网络作战力量。

1. 政策演进

印度早在 2000 年就颁布了《信息技术法》，该法虽涉及了网络犯罪和电子商务问题，但并非专门的网络安全法律，因此，未规定网络安全方面的权利、义务和责任。2008 年颁布的修订版《信息技术法》明显加大了对网络安全的关注力度，尤其是以法律形式规定了"印度计算机应急响应组"（CERT-In）的职能。

2013 年的"斯诺登事件"震惊全球，极大地刺激了印度的网络安全意识。受此影响，印度于同年发布了《国家网络安全政策》（NCSP），从而建立了初步的国家网络安全框架，并由此催生了"国家关键信息基础设施保护中心"（NCIIPC）。但《国家网络安全政策》并未考虑到 5G、人工智能、物联网和云计算等新技术引起的安全问题,也未理顺职能重叠的各机构之间的合作关系,因此,存在明显的短板。

为加强网络和太空等新领域的作战能力,印度统合国防参谋部总部(HQ IDS)于 2017 年发布了最新版的《联合武装部队学说》。该学说将网络视为自海、陆、空、天之后的第五个作战域,并把"以网络为中心的作战"(NCW)视为未来的作战样式[36]。为了在战略、行动和战术层面协调包括网络战在内的信息战行动,该学说提出设置统一机构来整合印度三军的网络作战,国防网络局(DCA)由此正式诞生。

印度原定于 2020 年出台《国家网络安全战略》(NCSS),但迄今尚未发布该文件。据消息人士称,《国家网络安全战略》的主要内容包括保护数字化公共服务、供应链和关键信息基础设施的安全,发展数字支付,加强威胁信息共享,以及在国家预算中单列网络安全预算等。此外,《国家网络安全战略》或将充分考虑到新冠肺炎疫情对数字化进程的影响及新近的技术发展,并阐明整个网络安全生态系统中的各机构职责。

2. 组织架构

如图 3-5 所示,印度建立了以总理府(PMO)为核心,国防部(MOD)、电子与信息技术部(MeitY)和"国家技术研究组织"(NTRO)等诸多部门参与的庞大网络安全体制。国防部主要负责军用网络安全,电子与信息技术部主要负责建设和监管全国的信息技术基础设施,技术情报机构"国家技术研究组织"则主要负责提供与网络有关的技术信息和工具。此外,负责网络犯罪的内政部（MHA）、负责电信政策的通信部（MOC）和对外情报机构"研究分析室"（R&AW）也或多或少承担着网络安全职能，作为"国家安全委员会秘书处"（NSCS）成员的国家网络安全协调中心（NCCC）则居中协调这些机构的网络安全工作[37]。

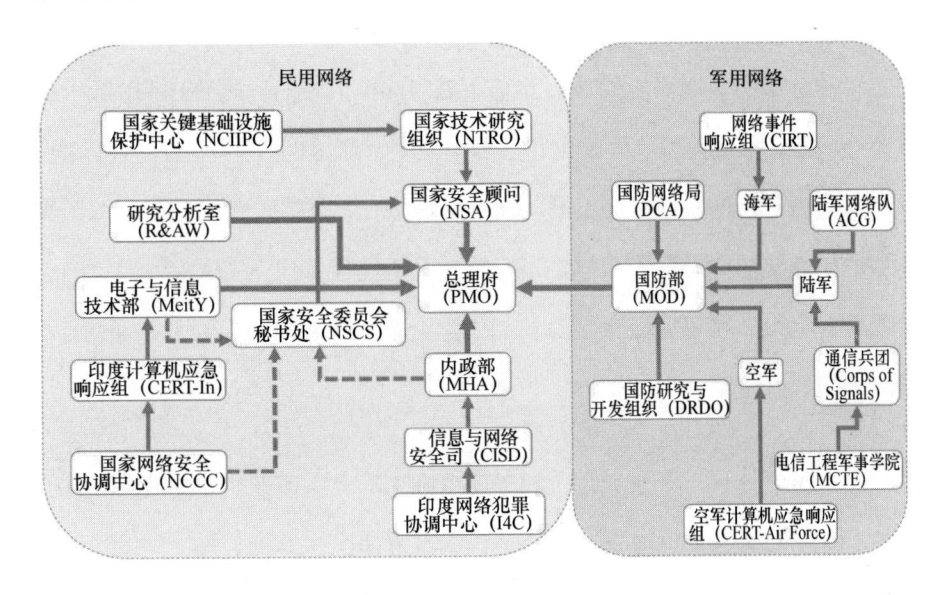

图 3-5　印度网络安全体制

1）军职部门

印度军队的网络作战原先主要由国防情报局（DIA）负责，现已转交给新成立的国防网络局统管。印度陆、海、空三军也分别组建了各自的专职网络团队来处理网络事件，即陆军的"陆军网络队"（ACG）、海军的"网络事件响应组"（CIRT）和空军的"空军计算机应急响应组"（CERT-Air Force）。此外，隶属于印度陆军的通信兵团（Corps of Signals）也多半具备网络攻防能力。

（1）国防网络局。国防网络局隶属于国防部，于 2019 年年末由此前主要负责网络作战的国防信息保障与研究局（DIARA）改组而来，而国防信息保障与研究局的前身则是国防情报局下设的国防信息战处（DIWA）[38]。国防网络局可被视作简化版的网络司令部，负责统一指挥印度三军的网络部队。国防网络局主要由设在德里的指挥中心、分散于各作战部队的小组及常驻各军种总部的专职军官组成，当前下辖 1000 人左右。据称国防网络局能够监视网络，布置蜜罐，从硬盘和手机中恢复已删除的数据，侵入加密信道，以及执行更复杂的网络任务。国防网络局还将在"国防研究与开发组织"[简称 DRDO，其地位类似于美国的"国防先进研究项目局"（DARPA）]、"国家技术研究组织"和研究分析室等机构的配合下，制定和监管一系列面向印度武装部队的网络要求。

（2）通信兵团。通信兵团隶属于印度陆军，其主要职责是建设和维护陆军的"陆军无线电工程网"（AREN）、"陆军静态交换式通信网"（ASCOM）、卫星通信及其他军用网络，处理陆军内部的网络安全事件，以及执行电子战任务等。通信兵团由若干通信团和通信连组成，印度陆军的每个旅都配属一个通信连，每个师和兵团都配属一个通信团。通信兵团还设有两处通信训练中心和一处电信工程军事学院（MCTE），其中电信工程军事学院是印军培养信息战人员的主要基地。

2）文职部门

印度非军用网络的安全主要由"印度计算机应急响应组"负责，而该响应组下设的国家网络安全协调中心（NCCC）则在各类网络安全机构之间居中协调。鉴于关键信息基础设施（CII）的重要地位，印度还在"国家技术研究组织"下组建了专门负责关键信息基础设施的"国家关键信息基础设施保护中心"[39]。

（1）印度计算机应急响应组。印度计算机应急响应组成立于 2004 年，隶属于电子与信息技术部。该响应组是印度的国家级网络安全事件响应机构，也是主管全国非军用网络防御的最高机构。CERT-In 的主要职责是收集、分析和发布网络事件信息，就潜在的网络安全事件发出预警，紧急协调和处理网络事件，以及发布相关的指南和建议等。

（2）国家网络安全协调中心。国家网络安全协调中心成立于 2017 年，是围绕网络安全设立的国家级电子监视机构。该中心由国家网络安全协调员担任领导，其主要职责是搜集、分析和整合经过主要互联网服务商（ISP）网关路由器的网络流量，以检测其中可能涉及国家安全的数据，并协调其他机构的情报搜集活动。值得注意的是，国家网络安全协调员是印度最高国家安全机制"国家安全委员会秘书处"的成员，而该秘书处的其余成员还包括担任秘书长的国家安全顾问，以及国防部部长、内政部部长、财政部部长和外交部部长，可见国家网络安全协调员在印度的网络安全体制中具有重要地位。

（3）国家关键信息基础设施保护中心。国家关键信息基础设施保护中心成立于 2014 年，隶属于"国家技术研究组织"，并遵照总理府的指示运作。该中心的主要职责是指定印度的关键信息基础设施，从战略层面领导网络威胁响应事务，协助制定相关的标准与保护策略，发布关于漏洞和网络审计的建议，支持相关的网络技术开发，组织相关培训，以及与国内外的其他网络

■ 081

机构进行协调等。

3）黑客组织

和其他国家一样，印度政府不承认其组建或雇用了任何"高级持续性威胁"（APT）组织或者说黑客组织，但从攻击对象和溯源分析来看，某些黑客组织很可能来自印度。其中较为活跃的组织包括"响尾蛇"（SideWinder）、"白象"（Patchwork，亦称"摩诃草"）、"蔓灵花"（BITTER）、"魔罗桫"（Confucius）和"黑暗盆地"（Dark Basin）等。这些黑客组织在一定程度上填补了印度网络攻击能力的不足，并可能已经或将会被印度军方吸纳为正规的网络攻击部队。

从攻击区域来看，这些组织主要以巴基斯坦和中国为目标，其次是孟加拉国等其他东南亚国家，有时也会将触角延伸到欧美等国。从攻击领域来看，这些组织热衷于攻击政府部门和军事机构，有时也会攻击军工企业、关键基础设施、科研机构、金融机构和教育机构等。

在攻击手法上，这些具有印度背景的黑客组织普遍青睐鱼叉式网络钓鱼，即通过电子邮件或即时通信工具向特定人员发送虚假的官方通知、招聘启事或推荐名单等。这些"量身定制"的文件很容易引起受害者兴趣，而一旦打开文件，潜藏的恶意程序就会在系统中植入后门。这些虚假文件中的部门名称、徽记和行文方式往往与真实文件一致，其主题紧跟时事，因此对受害者来说极具欺骗性。这些黑客组织还会相互冒充和模仿，以干扰安全人员的溯源分析。

（1）响尾蛇。"响尾蛇"的活动最早可以追溯至 2012 年，其攻击目标主要是巴基斯坦的政府部门和军事机构，主要目的是窃取敏感资料。"响尾蛇"一般采用鱼叉式网络钓鱼发动攻击，例如，在 2020 年，该组织就以与新冠肺炎疫情有关的信息为诱饵，对中国和巴基斯坦的政府和教育机构发动了网络攻击。

"响尾蛇"采用的恶意程序主要包括两类，一类是使用 mshta.exe 执行远程 hta 脚本的快捷方式文件（扩展名为.lnk），另一类是带有 CVE-2017-11882 漏洞的富文本文件（扩展名为.rtf）。"响尾蛇"在每轮攻击中都会交替使用这两种恶意程序。

（2）白象、蔓灵花和魔罗桫。"白象"的活动最早可追溯至 2009 年，"蔓灵花"和"魔罗桫"最早可追溯至 2016 年。这三者使用了相同的网络武器库和基础设施，因此可能是同一黑客组织的不同分支，或是同一组织的不同化名。三者的攻击目标主要是中国和巴基斯坦的官方机构，其中"白象"侧重于攻击科研机构，"蔓灵花"侧重于攻击外交部门及军工企业和核能企业，"魔罗桫"则侧重于攻击司法部门。

"白象""蔓灵花"和"魔罗桫"一般都采用鱼叉式网络钓鱼发动攻击，如"白象"就曾在新冠肺炎疫情期间以"武汉旅行信息收集申请表"作为诱饵。此外，"白象"还使用过水坑攻击，"魔罗桫"使用过伪装成聊天工具的手机间谍软件。

（3）黑暗盆地。"黑暗盆地"的活动最早可追溯至 2013 年，其攻击目标主要是全球各行各业的知名人士和组织，活动范围远超上述黑客组织。"黑暗盆地"的真身很可能是一家名为 BellTroX InfoTech 的印度公司，其并无政治意图，而是受客户雇用，对指定目标发动攻击。BellTroX 的员工甚至在社交平台上列出了包括入侵电子邮件在内的黑客服务清单，以供客户"选购"。该组织擅长采用 URL 缩短器来伪造钓鱼网站，但也会像其他黑客组织那样使用钓鱼邮件。

4）主要缺陷

尽管印度建立了庞杂的网络安全机制，但总体上还难以满足印度当下的网络安全需求，更遑论形成有效的网络威慑。就目前而言，该体制主要存在以下两点缺陷。

（1）缺乏统一指挥。印度缺乏统一的网络作战指挥机构。出于思维定式和军政平衡的考虑，印度军队仅负责保护军用网络，关键信息基础设施和非军用网络不在军方的任务范围内。此外，受法律规定和保密制度的制约，印度陆、海、空三军一向都各自保护各自的关键军用网络，彼此间少有交流。新成立的国防网络局或将改善印度三军的信息交流和军用网络的总体安全，但其是否有责任保护关键信息基础设施还尚无定论。而在文职部门方面，"国家关键信息基础设施保护中心"和"印度计算机应急响应组"均属于咨询机构，它们虽会寻找漏洞、发出警报、制定指南和开展培训，但并不负责保护网络。

目前，印度各类关键信息基础设施和非关键信息基础设施（NCII）的网络防御均由运营机构自行负责，为此各机构分别组建了各自的计算机应急响应组，如国家热电公司（NTPC）的 CERT-Thermal、国家水电公司（NHPC）

的 CERT-Hydro 和印度电网有限公司（PGCIL）的 CERT-Transmission 等。然而，由于缺乏统一指挥，这些响应组遭遇网络威胁时将难以得到其他单位的有效支援。

（2）能力建设迟缓。受官僚主义和派系纷争的影响，印度向来以工作效率低下著称，网络安全领域也是如此。尽管印度颁布了《国家网络安全政策》等政策法规，并设立了"国家关键信息基础设施保护中心"和"印度计算机应急响应组"等网络安全机构，但其网络作战能力的发展进度明显滞后于美、俄、中等国。最典型的例子就是印度军方早在 2012 年就呼吁建立国防网络局，然而，该机构到 2017 年才获得批准，到 2019 年年末才形成基本框架，前后耗时近 8 年。相比之下，中美早在 2010 年左右就组建了具备类似职能的机构。此外，印度国家安全委员会从 2019 年年末就开始为《2020 年国家网络安全战略》公开征求意见，然而直至 2021 年 3 月该文件也仍未发布。从历来的经验看，除非有关部门遭受了严重的网络攻击，否则印度各级机构对网络安全都不甚重视。

3. 网络作战能力

印度的网络作战以防御为主，主要原因是印度的网络攻击人才严重不足。除陆军的通信兵团外，印度的其他部队、情报部门乃至文职机构均缺乏足够的网络攻击专家和相应的培训设施，同时这些单位也很少承担网络任务，因而无法通过实战来锻炼人才。印度的一些私营机构虽拥有合格的关键信息基础设施网络安全专家，但这些专家通常人数寥寥且专注于网络防御，因此也难以执行网络攻击任务。

1）防御能力

印度的军用网络采用了三层纵深防御模式，即在整个军用网络与全球网络之间、不同地区网络之间，以及各总部、单位、机构网络之间设置网闸，以限制网络攻击或网络故障的影响范围。关键信息基础设施和非关键信息基础设施的民用网络通常以整个设施为界单独设置一道防火墙，内部分层与否由运营方自行决定。

网闸是一种网络间的物理隔离设备，其能切断两套网络间的一切链路层连接，因此，原则上可以有效阻断黑客入侵。不过在 2019 年 10 月，设置了网闸的印度库丹库拉姆（Kudankulam）核电站发现其信息管理系统感染了一种名为 Dtrack 的间谍软件，据推测可能是核电站的管理人员不慎将含有 Dtrack 的文件载入其计算机所致[40]。尽管印度政府表示，真正控制核电厂的核岛系统并未受到影响，但此事件揭示出人为因素可能成为印度网络防御中的薄弱环节。

2）攻击能力

尽管电子与信息技术部下属的委员会曾在 2018 年的网络安全报告中简单提及进攻性技术，但印度迄今没有公布任何网络攻击学说或网络攻击部队，也从未认领过任何网络攻击事件。不过在印度外贸总局（DGFT）于 2020 年 6 月发布的出口管制清单中，明确提到了"专门设计或修改用于进攻性网络作战的军用软件"[41]。尽管印度的国家网络安全协调员否认印度拥有此类武器，外贸总局也随即从清单中删除了这一条目，但此插曲很可能表明印度确实拥有正规的网络攻击能力。

巴基斯坦情报机构曾在2020年年中发现一种名为"飞马"（Pegasus）的间谍软件感染了数十名军政官员的手机，并试图窃取其中存储的敏感信息[42]。巴基斯坦政府指控是印度从一家名为NSO Group的以色列公司购买并散播了这款间谍软件，印度官员当然对此矢口否认。但值得一说的是，印度恰好是以色列武器的最大买家，而印度和以色列还在2020年7月签订了一份关于扩大网络安全合作的谅解备忘录。鉴于以色列是全球公认的网络战强国，印以合作显然有助于提升印度的网络攻击能力。尽管印度对其网络攻击能力三缄其口，但考虑到国内关于网络威慑的呼声，尚未发布的《2020年国家网络安全战略》或许会正式承认印度拥有网络攻击能力。

3）网络监控

为了有效监控国内的犯罪活动，尤其是恐怖活动，印度启动了多个大规模电子监视项目。

（1）网络流量分析系统（NeTRA）。网络流量分析系统是由印度"国防研究与开发组织"为印度情报机构开发的一款网络监控软件。NeTRA能从海量的网络流量（包括社交媒体、电子邮件、聊天记录、互联网电话乃至图片）中截获带有"攻击""炸弹""爆炸"或"杀死"等关键字的消息，然后将数据交给研究分析室等安全机构进行分析。

（2）中央监控系统（CMS）。中央监控系统是由印度远程信息处理开发中心（C-DOT）为各级电信执法资源与监控（TERM）单位开发的集中式电话监听系统，其能按照执法机构的需求自动拦截和监听电信网络中的通话。印度计划为每个邦的 TERM 单位都配备一套 CMS。

（3）国家情报网（NATGRID）。国家情报网是由印度政府各部门的独立数据库汇集而成的反恐情报数据库。NATGRID 至少有权访问 14000 座警察局的数据库，其会从这些政府数据库中搜集与目标人员有关的信息（包括税务记录、银行账户、刷卡交易、签证及铁路与航空旅行记录等），整理出与恐怖活动有关的情报，然后提供给研究分析室、情报局（IB）和国家调查局（NIA）等 11 家中央安全机构。

4. 发展趋势

为了维护国家形象，不论是否拥有网络攻击能力，印度都不曾发布任何正式的网络攻击或网络威慑理论。不过鉴于全球网络攻击的频率与日俱增，近年来一些印方人士呼吁发展并宣示印度的网络攻击能力，以作为威慑对手的手段。印度未来的网络空间作战力量建设呈现出以下三大重点。

1）打造印度版网络司令部

为发展包括主动防御在内的网络攻击能力，印度打算效仿美国，尽早将国防网络局升级为职能完备的三军网络司令部。该司令部将采取"集中控制，分散执行"的运作模式，即把分散在各军种的网络单位组成松散的网络攻击和网络防御两大团队，然后由网络司令部统一向两者下达任务。网络攻击团队将由执行单位和研发单位组成，其中前者负责执行网络攻击任务，后者负责为前者提供专业支持。网络防御团队则将由各军种的计算机应急响应组（CERT）、审计人员和网络取证人员组成。

在机构合作方面，网络司令部下辖的网络单位将与对应级别的电子战单位建立联系，以协同开展网络电磁行动（CEMA）；网络司令部本身则将与"印度计算机应急响应组"等其他主管网络的政府机构实时分享信息和相互协调。此外，"国防研究与开发组织"也将与网络司令部对接，以便利用其专业知识为后者开发网络武器。鉴于印度的技术人才大多集中在私营部门，印度还可能会以立法形式加强网络司令部与私营部门之间的合作，以充实网络部队的后备人才库。在印度看来，中国的独立军种"战略支援部队"拥有更好地协同包括网络战在内的各种信息战（IO）的能力，因此比美国的网络司令部更具优势[43]。然而，出于印度军队的信息战理论尚不成熟、难以从三军抽调大量人手及军费有限等原因，印度最终选择了网络司令部模式。

2）重塑民用网络防御力量

NCIIPC虽名为"国家关键信息基础设施保护中心"，但其实只是一家咨询机构，并不直接保护关键信息基础设施。鉴于保护关键信息基础设施本质上属于由内政部负责的国内安全事务，一些印方人士建议在内政部辖下组建专门的关键信息基础设施网络安全机构。

按照设想，该机构将类似于内政部辖下的"中央工业安全局"（简称CISF，其职责是保护印度的关键工业基础设施），负责为铁路和核设施等公用事业的关键信息基础设施提供全方面防护。对于私营发电厂和银行等私营关键信息基础设施，该机构将与运营方的首席信息安全官（CISO）密切合作，设法为这些关键信息基础设施增设防火墙，并通过攻防演习等方式来加强对私营关键信息基础设施的审核与监控。该机构将下设国家级的网络安全运行中心，以接过"国家关键信息基础设施保护中心"和"印度计算机应急响应组"当前在关键信息基础设施方面的职责。此外，该机构还将建立工作移交机制，以便在面临重大危机时将关键信息基础设施交由军方保护。

3）剥离中国的信息技术产品

近年来，为打压中国信息技术产业的发展，美国无端宣称华为等中国厂商的产品威胁美国的国家安全，并在全球范围内拉拢各国排斥中国产品。目前印度有 80%的电信设备产自中国，而媒体早在 2012 年就发现印度陆军的炮兵指挥与控制系统"夏克提"（Shakti）使用了来自中国的关键组件。考虑到印度因中印边境冲突产生的不安全感，以及许多 IT 软硬件确实会将用户数据传回本国的服务器，印度也开始加大对中国产品的排斥力度。目前印度已永久封禁 TikTok、微信和百度等 59 款源自中国的手机应用程序，并把中国的公司排除在政府采购之外，同时其国防网络局也表示将清除印度军队内的中国产品。

然而，印度本国的制造业相当孱弱，无法自行生产相关设备，而中国又在全球供应链中占据着举足轻重的地位，所以，即使从他国采购产品，印度也难免使用来自中国的零部件。举例来说，英国的 Exception PCB 公司是美国 F-35 战斗机的电路板生产商之一，而该公司早在 2013 年就被中国企业收购，这意味着世界上最先进的军火也难免存在"中国元素"。由此可见，印度不可能在短期内完全淘汰中国产品。

不过印度社会长期敌视中国，并把中国视为主要战略对手，因此，出于收买民意和战略安全的考虑，本届乃至未来的印度政府很可能会坚持不懈地抵制中国的 IT 产品，以行政命令、关税壁垒和进口替代等方式不断削减中国产品的在印份额。印度自 2020 年 6 月以来实施的 5 轮中国软件禁令就是一个突出的例证。

自尼赫鲁以来，印度一向以"做个有声有色的大国"为己任，在日益牵动国家安全的网络安全领域也不例外，现任总理莫迪甚至声称要做网络安全领域的全球领导者。然而，在勃勃雄心的背后，印度的网络作战能力却相对薄弱，与中美等大国存在明显差距。目前印度正依托国防网络局来完善其网络作战力量，但印度的工业水平尚无法生产网络战所必需的信息技术设备，加之一贯迟缓的工作进度，印度很难如愿建成强大的网络作战力量。

3.5
以色列：网络作战领域的创新者

囿于恶劣的地理环境、紧张的地缘政治，以色列自建国以来国家安全一直面临着严重威胁，因此，政府长期将安全置于首位。随着计算机网络的发展、信息化程度的深入，网络安全威胁已逐渐成为以色列面临的最大挑战之一，投射力量保卫国家安全的关注在一定程度上已经从传统军事领域扩展至网络领域。

20世纪90年代以来，以色列政府高度重视网络技术的发展，持续强化顶层设计，完善组织结构，通过军民融合的方式大力加强网络安全建设，迅速在全球网络安全产业领域确定了自己的领先地位。同时，政府强调网络空间对国家安全的重要性，加快组建网络作战力量，研制武器装备，辅以积极主动的军事情报机构，网络战能力得以大幅提升。时至今日，以色列已发展成为网络安全方面最强大的5个国家之一[44]，其政府和军事部门的网络系统被认为是世界上最安全的网络。

1. 网络安全战略规划

以色列政府多年来持续更新法规制度加强国家网络安全，谋求建设网络安全强国。纵观以色列政府出台的网络安全战略，其网络安全理念与国家所处特殊环境密切相关。从以色列网络安全战略内容及发展来看，体现出如下特点。

1）在战略意图上，强调主动网络防御

从 2011 年开始，以色列政府通过一系列决议全面改革网络安全机构，集中、简化机构责任，网络安全战略主动性也随之不断增强，积极防御态势明显。以色列的网络防御改革呼应了美国的"持久交战"理念，重视对网络威胁的持续监控，并选择私营部门作为网络防御的主力军[45]。

2015 年，《国家网络安全战略》决议成立国家网络安全局，负责应对处理、实时反应网络攻击，监管网络防御行动，同时设立网络紧急应对小组，以增强网络弹性。2017 年《网络安全战略》提出总体性国家网络战略，倡议"网络安全当局负责威慑，军事部门负责反击"，采取威慑和反击的手段击退绝大部分网络威胁，提高网络防御的稳健性、弹性及能力。政府明确提出加强网络威慑能力建设，综合利用技术、法律等手段响应网络威胁，并通过联合演训等形式提升协同反应能力。

2）在推进方式上，深化军政民合作建设

军政民合作建设现已成为以色列网络安全战略推进的基本原则。20 世纪 90 年代，以色列政府成立政府信息中心等机构，以军方指导、军方监管为核心，致力于保护计算机安全。2002 年，《保护以色列国计算机系统的责任》B/84 决议规定，关键基础设施防御由使用者和监管者共同承担，民间企业力量开始参与网络防御，发展方式从"军主导"向"军民融合"拓展延伸。2010年，国家网络行动小组提交《国家网络倡议》，将政府机构、军情部门、产业界、学术界间的合作作为增强国家网络安全的最佳发展途径[46]。2011年颁布的《提升国家网络空间能力》正式鼓励政军企学多维度合作，共同发展国家网络安全。2017年，《国家网络安全战略》提出建设网络安全生态系统，成为维护网络安全的基本保障。至此，以色列网络安全战略推进方式稳定成型，网络技术中心地位进一步巩固。

3）在应用领域上，突出关键基础设施保护

步入21世纪，地缘性网络攻击开始瞄准以色列金融、交通、农业等关键基础设施，网络安全威胁激增。为形成统一的保护政策，以色列政府2002年B/84决议概述了计算机支持关键基础设施的防御原则，界定了关键基础设施防御与监管职责，细化管理。2008年，以色列信息化系统保护最高指导委员会决议将证券交易所纳入监管范围内，后续又纳入移动通信、互联网服务提供商等8家单位，持续扩大关键基础设施保护范围。2011年，《提升国家网络空间能力》建议新设国家网络局规范网络领域事务职责，同时加大技术研发，提高国家关键基础设施网络防御能力。至此，以色列关键基础设施防护工作治理体系形成，强调发展网络技术，提高关键基础设施网络防御能力。

2. 网络作战力量体系

当前，以色列在政府层面形成了以总理办公室为核心的领导机构，下辖国家安全委员会、国家网络指挥部及国家安全局,发展成为集理论研究、国际合作、情报获取、突发事件应对等多功能于一体的专业力量。在军事层面,形成了以国防军为核心的武装力量,组建了多支网络攻击、安全防护、情报支援的网络作战部队,极大地提高了网络作战实力。

1) 国家管理机构

为全面统筹,推进网络安全建设,以色列政府在 20 多年间不断新设优化政府机构,强化政府管理职能。以色列网络作战管理机构情况如图 3-6 所示。

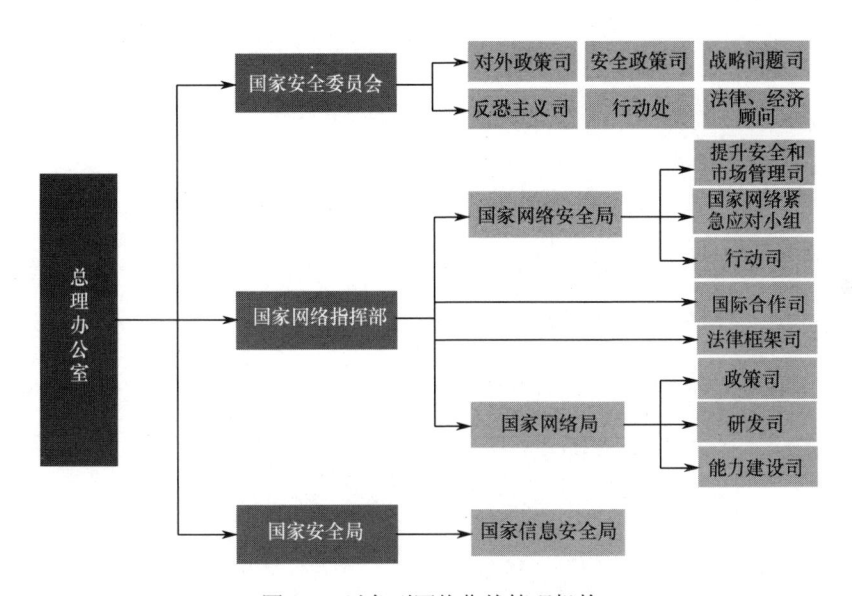

图 3-6 以色列网络作战管理机构

国家安全委员会(NSC)负责国家网络安全战略、规划的制定。该机构会对国家网络安全整体状况进行周期性评估,产出《国家网络计划报告》,提出建设性方案。

国家网络指挥部（NCD）负责保卫国家网络空间，建立和推进国家网络力量创新发展，下设国家网络局（INCB）和国家网络安全局（NCSA）两大核心机构。国家网络局（INCB）负责制定国家网络法规、推进国际合作，同时保障国内关键基础设施和产业的网络安全；国家网络安全局（NCSA）全面负责民事领域网络防御事宜，下设国家网络紧急应对小组（CERT-IL），负责国家网络安全事件管理、情报共享等，是以色列信息安全和网络事务的民用中心。

国家安全局（ISA），又名"辛贝特"，负责保护政府网络系统、国家基础设施信息系统及金融资料等。下设国家信息安全局（NISA），负责管理国家互联网基础设施，制订网络安全目标、实施计划等。

2）网络作战军事力量

以色列多年来持续加强网络安全力量建设，尤其是在国防军中推动网络作战力量发展，扩大网络空间作战力量规模，不断完善新型军事领域的作战能力。2017年，以色列国防军（IDF）成立网络司令部，整合军事情报局和C4I部队等机构，管理网络攻击、防御、情报搜集等网络行动，进一步增强了国防军对外部网络攻击的应对能力[47]。以色列网络作战军事力量如表3-5所示。

表3-5　以色列网络作战军事力量

部队名称	简介	职责	下属部队
8200部队	又名国家情报单位（ISNU），隶属于军事情报局，关注情报搜集、密码编写、网络攻防	执行网络战任务，重点负责网络攻击	网络参谋部：负责指导、协调部队的网络行动

续表

部队名称	简介	职责	下属部队
C4I和网络防御分部	又名C4I军团或远程处理军团，隶属于计算机服务管理局，专职电子通信和网络防御	负责国防军计算机基础设施防御和软件开发，培训IT人员	网络防御司：负责保护国防军网络体系。 Matzov：专门服务国防军、国家安全局，长期跟踪敌对势力网络黑客
国家自动控制特遣部队	成立于2011年，约80人，致力于确保国家安全	负责保护关键基础设施、私营产业安全，同时支援大学网络安全研究工作	无
电子与信息技术部队（洛特姆）	成立于2003年，隶属于计算机服务指挥部，接管了C4I军团的部分职责	负责军内信息通信、无线传输、计算机、指挥与控制和防御工作	Mamram：计算机与信息系统中心，管理军用软件和计算机基础设施，为各军种和总参谋部提供数据处理服务。 Hoshen：操作军队通信系统。 Matzov：加密与信息安全中心，负责保护数字军事资料；国防军、辛贝特和摩萨德网络加密工作；提供计算机黑客窃密领域技术情报。 Ma'of：系统与项目中心，负责电信系统的计划和工程。 Shoham：负责操作程序设计和计算机服务
新型网络防御部队	成立于2013年，由程序员和专家团队组成，持续监视网络恶意活动	专门从事网络攻防战，侧重网络防御	无
网电恐怖袭击特别小组	成立于2011年，致力于阻止其他国家对以色列实施战略性的网络恐怖袭击	保护国防系统和基础设施网络	无

3. 网络作战技术

2015年，国防军参谋长发布《以色列国防军战略》，多次提及在战略、行动及战术层面优先发展网络能力。为提升网络安全技术水平,以色列政府不断加大投入力度,推进技术创新发展,着重发展人工智能、云计算、超级计算等前沿科技。

1)网络侦察技术

8200部队通过各情报中心基地运作着规模庞大的国际间谍和监视网络,其不同基地具备不同的职责及监控范围。8200部队下属Urim基地是世界最大的监听基地之一,可监听中东、欧洲、亚洲及非洲国家的电话、邮件和其他通信,监听范围包括敌对势力及友好国家。此外,该基地也是监听海底通信电缆、船舶交通系统的间谍网络中心[48]。Urim基地所搜集的数据会传送到8200部队总部进行处理,后续再根据需求提供给以色列国防军总部或以色列情报机构摩萨德等。

以色列Ben-Gurion University开发出了颠覆性的监控技术,以对付网络空间的新型安全威胁。该技术能从无线网络提取信息,对网络的安全运行进行实时监控。以色列Mer公司推出OSCAR软件,可实现从互联网及社交媒体中自动搜索、监控数据,并从数据中揭露隐藏链接。

2)网络攻击技术

现今,以色列的网络攻击技术十分强大,拥有领先的机载网络攻击系统,研发了网络病毒入侵、程序破坏、网络欺骗等多种攻击技术,可对敌对国家计算机网络实施攻击等。

恶意软件:以色列8200部队与美国国家安全局(NSA)合作开发了震

网（Stuxnet）、杜库（Duqu）、火焰（Flame）等恶意软件，针对计算机网络、工控系统、专用设备实施攻击，实现对目标的精准打击。以色列和沙特阿拉伯合作开发新的网络武器，专门用来感染位于纳坦兹核设施的数据采集与监视控制系统（SCADA）。

网络间谍工具：以色列研制出高斯（Gauss）、迷你火焰（miniFlame）、杜库2（Duqu2）等网络间谍工具包，专门用来窃取系统信息和敏感数据。

3）网络防御技术

以色列针对计算机系统建立了能有效防止陌生邮件和病毒入侵的网络防御系统，还建立了军用智能手机加密网络，提高了网络空间防御能力和网络空间快速反应能力。

（1）基础设施体系防护。以色列致力于发展计算机系统的网络防御能力，并应用于不同领域，如通信、工业、武器系统等。2019年，以色列IMI Systems公司推出"被动缓冲区"硬件系统，可保护基于计算机系统和应用程序免受网络攻击，保护范围包括武器弹药、关键基础设施计算机组件、医疗工业系统中的组件等。2014年以色列启动"数字铁穹"计划（Digital Iron Dome），通过建立网络安全防御系统以期保护关键信息和国防系统，该系统不需对目标主动发起攻击，而是为以色列国防军和以色列政府提供网络攻击的准确来源，进而提升自身的防御能力。

（2）部署防护技术装备。以色列陆续开展了高堡（High Castle）、水晶球（Crystal Ball）、橱窗（Showcase）和控制论+（Cybernet+）等项目，以提高以色列检测和预防网络事件的能力,加强组织协调和情报共享,提高风险管理水平,并促进各机构之间的数据共享和分发过程[48]。2016 年开展 Deep Instinct 项目,研究基于深度学习的恶意程序识别与防御技术,尤其对零日恶意程序、恶意程序变种、新型恶意程序和复杂 APT 攻击实现了极高的检测精度和实时性,针对系统全域终端基础设施的已知/未知威胁的实时检测和防御技术,推出"Ka-智能手机防御系统",用于应对各种智能手机安全威胁,可保护手机敏感信息等。

4. 网络作战战术

面对日益严峻的网络攻势,以色列总参谋长指出,"以色列国防军将继续使用各种军事手段和独特作战方式遏制敌人。"以色列不仅拥有丰富的网络作战经验,还不断创新作战概念及方式,引领网络作战范式。以色列网络作战战术体现出如下特点。

1)在作战目标上,瞄准军事设施和国家关键基础设施

面对网络恐怖主义的常态化攻击,以色列针对敌对势力积极发动网络攻击,多瞄准军事系统设施和国家关键基础设施,以达到网络威慑作用。

以色列多针对军事设施发动网络攻击,如核工厂、防空系统、兵工厂、弹药库等。通过破坏敌方军事系统设施,更好地配合物理袭击,以达到拖延或停止敌方武器研制的目的。2020 年 7 月,以色列针对伊朗纳坦兹核电站发动网络攻击,引发爆炸,严重破坏了伊朗最重要的核设施之一。2020 年 6 月,伊朗帕尔钦军事基地发生爆炸,导致部分军事设施被毁,据悉是以军网络攻

击瘫痪防空系统,后由战机发动空袭所致。

以色列网络攻击更加聚焦国家关键基础设施,包括供水系统、能源、交通、农业、通信、金融等。这种针对基础设施的小规模网络冲突造成相对较低的损失,既可展示自身强大的网络能力,又增强威慑态势的可信度,成为中东网络战场上的焦点。2020年5月,以色列对伊朗沙希德·拉贾伊港口发动攻击,导致港口航运系统中断,公路、水路延误数日。2020年2月,伊朗境内互联网服务遭受暂时性全面中断,ZAFAR卫星发射推迟,据悉是以色列网络攻击导致。

2)在作战方式上,辅以心理战和舆论战

以色列发动网络战的同时,综合运用心理战、舆论战,制造心理威慑,引导舆论走向,达到全面压制、舆论胜利的效果。

以色列高度重视心理战在战争全过程中的作用,在实战中综合攻心宣传、离间瓦解等多种心理战手段,达到内部瓦解敌军、辅助传统实战效果。如"铸铅行动"(Operation Cast Lead)中,以军通过现代媒体对哈马斯部队进行攻心宣传,制造心理压力威慑,有效削弱了敌方战力。

以色列将打击敌对网络恐怖主义作为重点,使用Twitter、Facebook等社交媒体发布舆论话题、进行情报搜集、主导国际舆论,目前已形成了常态化的运作机制。例如,在"铸铅行动"中,以军对哈马斯互联网服务进行大规模网络攻击的同时,限制、摧毁敌方媒体,将对自身有利的视频发布至社交媒体,进行舆论宣传,迅速赢得国际社会的关注和支持。

3）在作战战法上，运用多种手段打击敌人

在作战战法上，以色列国防军重点发展新的作战概念、方法和技术，奉行"先发制人"原则，综合运用多种手段打击敌人。

（1）网络摧毁，物理打击。先通过网络攻击瘫痪对方的防御体系，然后出动飞机、导弹等进行物理攻击。例如，在"果园行动"中，以色列国防军8200部队先行通过网络攻击摧毁了叙利亚防空雷达系统，然后通过隐形战机摧毁叙利亚的核工厂。

（2）利用漏洞，精准投放。发现并利用信息系统中的网络漏洞，在未授权的情况下访问敌方系统网络，实时精准攻击，进而控制、限制、破坏其功能发挥。例如，在"震网"行动中，以军针对西门子公司生产的离心机控制芯片进行攻击，利用4个零日漏洞，通过USB摆渡植入病毒，突破工业局域网的物理隔离边界，达到物理破坏的目的，导致伊朗核计划受限。

（3）控制信息，渗透网络。通过网络监控，实时获取、控制信息载体、运动及内容，进而影响态势感知、指挥决策、网络舆情等。控制信息形式包括信息拦截、信息篡改、信息欺骗等。如在"全面披露行动"中，以色列通过网络监控，在红海拦截了一艘载有武器装备运往哈马斯的船只；在"奥格罗事件"中，以色列对黎巴嫩国家电信公司发动复杂网络攻击，通过音频信息向万余名黎巴嫩公民传播虚假信息，控制舆论导向。

（4）控制信息，物理摧毁。通过网络监控实施信息拦截，同时隐藏己方作战计划、网络武器，悄无声息地发动攻击，完成打击。如以色列得知哈马斯意图发动网络攻击后，直接对哈马斯网络基地发动空袭，将哈马斯的"网络巢穴"夷为平地。

4）在作战同盟上，持续深化国际合作

在全球范围内，以色列积极深化扩大国际合作，与多国签订合作协议，共享网络攻击情报信息，联合研制网络安全技术，提高以色列的防御和威慑能力。以色列与美国保持同盟关系，8200 部队与美国安全局保持深度合作关系，共享关于访问、拦截、目标、语言、分析和报告的信息，共同研制多个网络武器。除美国外，以色列的深度合作国家和地区还包括北约、俄罗斯、日本等。

"震网"行动是多国多部门参与的国际性网络空间攻击破坏行动。美国、以色列主导了整个攻击活动组织及病毒武器开发，德国、法国提供了供应链上的情报支撑，荷兰提供了西门子公司生产的离心机设备情报。

5. 网络空间人才培养

为应对网络空间威胁的持续增长，以色列政府坚持网络安全"全民皆兵"的原则，强调全面提升社会民众的网络安全意识，积极采取措施加强网络安全人才培养，在全社会范围内普及网络安全教育，促进网络安全防御和网络空间活力的提升。

1）在培养方式上，注重体系化教育

2010年《国家网络倡议》建议网络教育从小学开始，提升全社会的网络意识。在该战略的指导下，以色列的网络安全教育从小学递升至大学，呈体系化发展。从小学开始，学校便开始教授网络代码知识，学习编程，为今后的网络安全奠定基础；从中学开始，学校即规定专修网络安全所需课程；从高中开始，国防军与教育部、非政府组织（NGO）联合开展 Magshimim 计划，重点训练高中生网络技能，Gvahim 计划要求学习编程、网络设计及对抗网络威胁等内容；步入大学，除日常网络知识技能教学外，更加鼓励学生培养创新能力与实践能力，大学成为网络安全人才培养的主力军。

2）在人员选拔上，注重高层次人才

在高校教育上，以色列政府选定6所大学作为人才培育的试点，补助经费鼓励学校成立网络安全研究中心，并根据专长领域进行技术研究及人才培养。高校通过课堂授课结合实践实战的方式，致力于提高学生的网络安全技能，引导学生形成攻防兼备的安全观。

军队培训是以色列网络安全教育的独特方式[49]。由于以色列实行义务兵役制度，多数高中生毕业后参军，为以军招募网络人才奠定了基础。8200部队拥有选拔人才的"第一选择权"，该部队为其选择的人才提供网络安全、信号情报的系统训练和实战锻炼，全面提升创新能力。多数网络安全企业的创始人均出身于8200部队。

3）在培养范围上，注重提升实践能力

以色列的网络安全教育特别强调实践的重要性，多数教育培训机构都建有模拟中心或对抗平台，提供实践演练，军方的网络安全培养体系则更具对抗性和实战性。例如，以色列国家网络局、贝尔谢巴市与 Ben-Gurion University 共建网络安全研究中心，内设网络攻击模拟实验室、恶意软件分析实验室、移动安全实验室等先进设备；霍隆技术学院（HIT）除设置课堂授课外，还设有同等学时的实践课程，致力于提升实战能力。

以色列凭借着与生俱来的创新精神、危机意识，与时俱进的战略规划、教育体系，利用数十年时间从满目疮痍的状况一跃成为网络强国，这不得不令人惊叹。在战略层面，以色列创造了独特的国家网络生态系统，整合了政府机构、军情部门、产业界、学术界的能力，形成网络安全治理的国家管理体系。在作战层面，国防军发展创新作战概念、方法和技术，不断利用产业力量提升网络攻防能力。在技术层面，重视产学研互动，有效发挥政府、军队的作用，开展网络安全技术的自主创新。我国在建设网络强国的进程中，可积极借鉴以色列网络安全的发展经验与模式，因地制宜，制定符合我国国情的发展模式，统筹布局，创新发展，不断探索网络强国建设新路径。

3.6 俄罗斯：网络作战领域的挑战者

2020 年年底，美国遭遇了一次严重的黑客攻击，黑客通过 SolarWinds 软件入侵了包括美国国务院、能源部、财政部、微软在内的诸多重要机构和超过 90% 的世界 500 强企业，其波及范围之大、影响之严重，堪称美国近年来最大的一起网络安全事件[50]。

SolarWinds 攻击事件发生后，美国国家安全委员会下属网络统一协调小组宣布，俄罗斯政府支持的高级持续威胁 APT 组织很可能是幕后黑手，FireEye 追踪到协调此操作的黑客组织是 UNC2452 和 Dark Haloby Volexity，并且怀疑真正的黑手是俄罗斯国家黑客组织 APT29（Cozy Bear）。卡巴斯基公司的报告也指出，此次攻击事件中的 Sunburst 后门代码与俄罗斯 APT 组织常用木马 Kazuar 后门代码存在重叠。2021 年 1 月 5 日，美国联邦调查局、网络情报总监办公室和国家安全局发表联合声明，正式指控俄罗斯政府策划了这次攻击。

1. 俄罗斯对网络空间安全的认识不断深化

近年来，俄罗斯开始重视对网络空间安全的认识，将网络安全提升至国家战略的高度，发布了一系列战略法规，指导其网络空间建设。俄罗斯 2000 年发布的《联邦信息安全学说》首次将网络战提升为未来的第六代战争，为俄军的网络战发展指明了方向；俄罗斯 2013 年公布的《2020 年前俄罗斯联邦国际信息安全领域国家政策框架》确定了国际信息安全领域的主要威胁，以及俄罗斯联邦在国际信息安全领域国家政策的目标、任务及优先方向和实现机制；俄罗斯 2014 年公布的《网络安全战略构想（草案）》明确了俄罗斯联邦网络安全的战略原则、行动方向和优先事项；2016 年，俄罗斯更新了《俄罗斯联邦信息安全学说》，提出了俄罗斯在网络空间的战略目标和主要方向；2017 年，俄罗斯联邦政府批准了《俄罗斯联邦数字经济规划》，提升网络关键基础设施的自主可控水平，制定在网络空间上被西方制裁的对策；俄罗斯 2019 年颁布的《俄罗斯联邦网络主权法》旨在保护俄罗斯互联网在遭受敌方攻击时可持续运行，进一步强化俄罗斯国家网络在全球网络空间内自主互联和主动防御的能力[51]。

俄罗斯在网络空间遭到以美国为首的西方国家的频频围剿和打压，其要害部门的网络设施随时受到严重的网络威胁，损失巨大。2018 年 9 月，美国的新网络安全战略公开指责俄罗斯为网络恐怖力量；2020 年 7 月，美国时任总统特朗普首次承认美国在 2018 年对俄罗斯互联网研究所进行了一次秘密网络攻击，这是美国官方首次公开承认对别国非军事机构展开网络攻击行为。2020 年 8 月，英国政府公开指责俄罗斯发展网络攻击能力，鼓励国际社会共同对抗俄罗斯恶意网络活动，国际社会应就进攻性网络活动达成共识，并建立发起进攻性网络攻击活动的法律框架。2021 年 2 月 4 日，美国新任总统拜登发表首份外交政策时，誓言要提高美国网络安全弹性，打击俄罗斯网络攻击和滋扰活动。

面对来自西方国家的层层施压，俄罗斯政府高度重视网络安全对国家安全的重要意义，将网络安全纳入国家安全战略。当前，随着网络空间与物理空间日益交融，由网络空间向物理空间发动攻击将成为可能。因此，电网、通信网络甚至核设施都可以成为网络攻击的靶子，且这类攻击高效，能造成极大的破坏力。普京多次指出，信息资源和基础设施已成为争夺世界领先地位的舞台，将对社会稳定、公民权利、自由民主、秩序法制、国家财富、领土完整等涉及俄罗斯核心国家前途、利益和安全起到至关重要的作用，因此，必须做好战略性信息设施建设，做好应对网络威胁的准备。

2. 俄罗斯网络空间作战力量组成

网络战被俄罗斯赋予"第六代战争"的极高地位，受到俄罗斯政府的高度关注。"先机制敌、节点破坏、积极防御"是俄罗斯的网络空间作战方针，通过将网络战和电子战进行有机融合，实施网电一体作战，最终达成削弱和破坏敌方信息网络系统效能，保护己方信息网络系统正常运转的作战意图。俄罗斯具有较强的网络作战力量，能够在全球范围内进行信息宣传、间谍活动和网络攻击，不仅追求军事上的胜利，还要在敌国制造舆论，使俄罗斯赢得政治上的胜利。俄罗斯网络作战力量建设一直处于高度保密的状态，国防部从未公布过网络作战部队的建设、规模、数量等信息，对手很难了解俄罗斯网络作战力量的真实水平。

总的来看，俄罗斯相关的网络空间作战力量分为两个层级，一是俄罗斯国家网络空间作战力量；二是俄罗斯活跃的黑客团队。俄罗斯国家队深藏不露，俄罗斯黑客则以技术超群在国际上拥有相当高的声誉。由于在美国大选、反兴奋剂组织袭击中的不俗表现，受雇于政府的俄罗斯"双熊"——Cozy bear 和 Fancy bear，成为全球关注的"焦点"。

1）俄罗斯国家网络空间作战力量组成

俄罗斯国家层面的网络作战力量主要包括政府层面和军事层面。政府层面由俄罗斯联邦安全局牵头；军事层面由俄罗斯军队总参谋部实际指挥，正规网络作战部队规模已超过 7000 人。

i. 政府层面的网络空间作战力量

（1）联邦安全局（FSB）：FSB 是俄罗斯负责内部安全和反情报的部门，其任务是保护俄罗斯免受外国网络攻击和监控国内黑客。近年来，FSB 将其任务扩大到国外情报搜集和网络攻击作战。FSB 利用它与犯罪分子和民间黑客的密切关系来加强其网络战力。

FSB 下辖的一个小组把渗透基础设施和能源部门的目标作为重点，其对能源行业的攻击引起了美国政府的担忧。美国国土安全部和联邦调查局追踪到了 FSB 的攻击行动，称 FSB 所植入的嵌入式恶意软件会对攻击目标造成严重损害。美国政府还把 2020 年各州政府网络频频遭遇的网络攻击事件与 FSB 联系起来。

（2）俄罗斯联邦内务部 K 局：俄罗斯联邦内务部 K 局也称网络监督局，主要负责对境内外网络犯罪团伙及资助这些团伙的国家和组织开展侦察与监视活动。

（3）联邦安全防护局：联邦安全防护局（FSO）负责政府和政府人员的物理和电子安全，其任务是保护俄罗斯政府通信的安全。FSO 主要负责俄罗斯政府网络的防御。

（4）国外情报局：国外情报局（SVR）是俄罗斯主要的民口外国情报机构。它负责使用人工、信号、电子和网络方法搜集外国情报。SVR 的网络攻击大都集中在情报搜集上，而不是通过网络攻击造成损害。SVR 拥有高水平的专业知识，通常是为了获得网络的访问权限。SVR 有时被称为 APT29、"舒适熊"或"公爵"。

ii. 军事层面的网络空间作战力量

（1）网络司令部。2014 年成立的网络司令部纳入俄罗斯电子管理局或总参作战总局，由总参谋长（一名信息战副职）具体负责，人员编制不超过 200 人。

（2）总参谋部作战总局。总参谋部作战总局是网络作战的总指挥机关，主管网络作战指挥系统的规划和建设。网络作战的具体工作由总参作战总局负责，该局是网络作战的主要规划机构，其下的第五局负责网络作战指挥，第 6 局负责网络作战技术装备研发。

（3）总参谋部情报总局（GRU）。GRU 负责通信侦察和电子情报搜集工作，涉嫌参与了俄罗斯一些最具破坏性的网络攻击。美国司法部（DOJ）以干涉 2016 年美国总统选举、进行多次破坏性的网络攻击为名，对 GRU 旗下的工作人员提起诉讼。GRU 网络作战以两类任务为中心：一是信息心理效应，通常由分支机构 APT28 执行；二是信息技术效应，通常由分支机构"沙虫"

执行。尽管这两个分支机构的基础设施和工具集通常是分开且不同的,但其偶尔的作战重叠却证明了它们之间具有联系,GRU 通常执行攻击性行动。

(4)信息作战部队。该部队成立于 2017 年,规模为 1000 人左右,主要任务是管理和保护军用计算机网络,保护俄罗斯军事指挥通信系统免受网络攻击,对该系统的信息进行保密,协调和联合各项网络作战任务,检验国防部的信息技术水平,增强俄罗斯在网络空间的作战能力。2019 年 8 月,俄罗斯透露组建了一支特种部队,承担军用互联网相关职责,主要任务包括搜索和消除网络威胁,是一支典型的网络空间安全部队。

2)俄罗斯民间黑客组织力量

俄罗斯黑客组织的力量早已有目共睹,俄罗斯政府和军方经常利用包括爱国黑客组织和网络犯罪组织等团体在内的丰富黑客资源,对他国实施信息攻击,以维护国家利益或实现某个目标。这类黑客组织大多是符合俄罗斯国家利益的松散组织,独立于俄罗斯联邦政府和军队之外,只有很少一部分隶属于 GRU 和 FSB[52]。

(1)26165 组织。这是美国政府认定的两个俄罗斯网络团体之一,对入侵民主党国会竞选委员会、民主党全国委员会和希拉里·克林顿的总统竞选负责。媒体和西方政府也认为 26165 组织与针对美国和欧洲众多政治、政府和私营部门目标的网络作战有关联。

(2)74455 组织。美国政府确认 74455 组织负责协调发布 2016 年美国总统选举期间被盗的电子邮件和文件。与主要专注于渗透系统和搜集信息相反，74455 组织似乎拥有强大的网络攻击能力。美国司法部声称，74455 组织应对多起恶意网络攻击负责。2020 年 10 月，美国司法部指控 74455 组织进行了多次网络攻击，如 2017 年的诺彼佳（NotPetya）恶意软件攻击。

（3）互联网研究院。互联网研究院是一个私人组织，由普京的密友叶夫根尼·普里戈津资助，支持俄罗斯政府的虚假信息和宣传行动。这个团体通常被称为"巨魔农场"或"巨魔工厂"，主要通过各种社交媒体，冒充国内活动家和人士来传播虚假信息。2018 年，美国政府起诉俄罗斯互联网研究院及其人员试图挑拨离间和影响美国政治体系。

3. 俄罗斯网络攻击能力逐步提高

俄罗斯网络攻击实力不可小觑。早期俄罗斯网络作战主要是分布式拒绝服务（DDoS）攻击，通常依赖于犯罪和民间黑客的合作或招募。在 2007 年发动的对爱沙尼亚的大规模网络袭击中，俄罗斯利用分布在美国、越南等国外的"僵尸网络"对爱沙尼亚发动了分布式拒绝服务攻击。在 2008 年俄格冲突中，俄罗斯利用实时掌控战场情报的优势，通过控制格鲁吉亚的网络空间获得了制信息权，有效配合了俄军的战场军事行动。在 2015 年、2016 年针对乌克兰电网的网络攻击中，俄罗斯获取了将网络攻击从网络空间延伸至现实世界工控系统的实际经验；自 2017 年起，俄罗斯将东欧视为网络行动的主要目标，对乌克兰的彼佳网络攻击摧毁了其私人和公共系统。美媒甚至称，俄罗斯开发的网络武器可以破坏甚至瘫痪电力系统，这意味着很容易对特定的联网公共设施目标进行攻击，破坏范围甚至能扩展到整个城市[53]。

近几年，俄罗斯网络攻击能力已经让网络空间的领头羊遭受重创，其在网络攻击行动中，将黑客攻击与数字心理行动结合，使对手处于不利地位。俄罗斯还通过植入恶意插件、网络钓鱼等网络攻击方式干预美国 2016 年总统大选及欧洲国家选举。Gragos 公司研究人员称，某些恶意软件经过了十多年的理论研究和攻击测试，已经有了明显武器化趋势，这将改变游戏的规则。英国时任情报机构主任汉尼根于 2018 年表示对俄罗斯网络攻击行动的不满，称要以网络报复行动阻止俄罗斯此类做法。2019 年，美国中情局的报告宣称，随着俄罗斯国家电视台、"俄罗斯之声"等媒介在全球网络信息领域话语权的加重，俄罗斯正利用互联网等信息传播渠道干涉西方的民主生活。俄罗斯外长拉夫罗夫毫不示弱，称俄罗斯已掌握西方国家"运用互联网手段对俄罗斯侵犯的线索"，若美国公开挑衅举措加剧，俄罗斯势必在该领域展开反制行动。2021 年 1 月，美国联邦调查局（FBI）、网络安全与基础设施安全局（CISA）、国家情报总监办公室（ODNI）和国家安全局（NSA）发表联合声明，正式指控俄罗斯政府策划了 SolarWinds 供应链攻击。

目前，俄罗斯部署了大规模分布式僵尸网络、远距离病毒武器等，具备网络侦察、网络渗透、点穴式攻击和局部破网等攻击能力。其远距离无线植入病毒武器可以通过无线电频道或激光通信线路植入敌方计算机网络，直接威胁军事指挥控制系统，有线欺骗工具利用欺骗攻击，引诱敌人获取虚假情报，实现主动信息欺骗；有线渗透工具能够突破传统防护软件，篡改或窃取重要数据；无线攻击系统能对卫星通信智慧网展开综合攻击；黑能量攻击软件（Blackenergy）能够根据攻击意图自动组合各种插件，利用"僵尸"网络对各种计算机操作系统、嵌入式系统和路由器软件发动 DDoS 攻击；"风暴

12""监控器 3""公开辩论"[54]可以突破指定的社会信息网络,并大规模散布消息,从而左右社会舆论,还能通过劫持卫星通信链路来实施网络攻击。

4. 稳步提高国家综合网络防护能力

在世界主要西方国家纷纷指责俄罗斯发动网络攻击的同时,俄罗斯本身也遭受了大量恶意攻击。俄罗斯政治和军事精英意识到网络空间将被军事化且关键基础设施会成为下一次大规模战争或局域战争的目标,对此俄罗斯通过打造国家互联网等手段,稳步提高国家综合网络防护能力。

1)倾力打造国家互联网,在网络空间实现非对称优势

俄罗斯国家互联网的概念基于冷战时期的战略文化,希望在网络空间的较量中形成一种非对称优势。当威胁出现时,国家互联网能够与全球互联网断开连接,这样俄罗斯政府就能够控制其领地范围的网络。该项目被纳入 2017 年俄罗斯国家数字经济计划,其目的是在 2024 年实现"数字主权"。尽管其主要目的是控制俄罗斯国内的互联网,但是也具有一定的军事意义,能够对国际势力造成影响。

俄罗斯构建国家互联网的行动始于 21 世纪初期。从 2011 年开始,俄罗斯政府通过颁布法律和条令来实现对俄罗斯国家互联网的控制,2014 年俄罗斯以国家互联网之名提出了集中控制互联网的目标。按照这一思路,国家必须控制其信息空间和边界以实现信息主权。随着俄罗斯与西方关系交恶,全球力量平衡发生变化,俄罗斯政府担心受到颜色革命的影响及网络领域新技术带来的威胁。2015 年 5 月,为适应俄罗斯互联网发展形势,进一步降低国

家机关的网络安全风险,普京总统颁布了《俄罗斯联邦信息安全的某些问题》第 260 号总统令,要求将"俄罗斯联邦国家权力机关互联网网段"改造成"俄罗斯国家互联网"。2016 年 1 月,联邦数字发展、通信与大众传媒部开始加快推进国家机关"统一数据传输网"的建设。2016 年 9 月,联邦保卫局颁布了《俄罗斯国家互联网章程》。2017 年 7 月,联邦政府颁布的《俄罗斯联邦国家数字经济纲要》,把"俄罗斯国家互联网"建设列入其中。2019 年 7 月,俄罗斯联邦保卫局和联邦数字发展、通信与大众传媒部等获得 14 亿卢布的财政预算(2019—2021 年),用于保障"俄罗斯国家互联网"的建设、运营和发展。该网络主要由以下四部分组成:网络事件管理系统(GosSOPKA)、集中式监测和管理系统(TsUSSOP)、联邦政府信息管理系统(Up-ravlenie)、态势中心网络及包括国家能源和国防工业管理系统在内的集中式管理网络。

2)积极推进军用互联网的建设,确保战时运转

为了保证大量敏感信息的安全,俄罗斯军队积极推进专网建设。2016 年,俄罗斯国防部建设了名为数据传输闭环系统(ZSPD)的专用军事互联网。2019 年 4 月,俄罗斯军队构建了多服务通信传输网(MTSS),该网络能够实现从统帅部、战区、集团军到部队的通信与指控,并确保通信安全可靠。此外,俄罗斯还建成了穿越北极海底的专属光纤网络,能确保战时的稳定运转。未来,ZSPD 将并入该网,成为军用互联网。该系统建成以后,将与国际互联网完全断开,目前该网络能够持续更新武器装备有关数据,协助国家防御中心评估形势,能够在数秒内传输海量信息并运用大数据和高速运算系统,发送秘密文件。因此,独立于国际互联网的俄罗斯国家互联网和军用互联网,将成为俄罗斯网络空间安全的信息基础设施,这是俄罗斯以自己特有的方式

来建立和维护网络空间安全体系。

3）积极构建国家信息安全和防御系统

俄罗斯的国家信息安全防御系统由7个子系统组成[55]，其目标是实现国家信息安全，保护国家免受外部和内部信息威胁，以确保其主权和领土完整、经济发展、国防和安全。该系统是一个复杂的体系，它的子系统有自己的功能和独立的管理机制，可以以不可预测和低效的方式运行，并通过软系统方法形成。这7个子系统分别如下。

- 国家科学工业基础系统。该子系统旨在实现国家信息安全的目标，保护供应链，并通过模糊和透明提供安全。

- 状态认证和加密系统。该子系统的目标是使俄罗斯境内的所有数据流量对安全部门和军方透明，保护数据不受外国利用。

- 黑名单管理和技术系统。该子系统的目标是通过消除所谓的不利信息来实现政治控制。

- 目标监控系统。该子系统以大规模分布式数据中心和联网监测系统为基础，提供信息搜集和分析。其目标主要是反情报、执法和政治控制。

- 关键信息基础设施（CII）系统。该子系统包括顶级域名服务器、路由寄存器和互联网交换点（IXP）的备份。该子系统使国家部门能够发挥作用，并将其与全球互联网分开，促进信息安全。

- 基于主动信息技术的信息心理干预系统。该子系统由国家控制或附属的新闻服务机构、教育、爱国和宗教机构管理。它还包括专门的网络外交组织，以及安全部门和军方的网络间谍与作战部队。该子系统控制着国内的信息环境，并在国外进行外部的公开和秘密的攻击、影响和网络行动，以防止可能的威胁出现。该子系统还试图通过规范约束潜在对手来提高信息安全，从而限制先进对手的信息优势。

- 反馈、监测、控制和管理系统。该子系统由国家和安全部门管理，包括国家级网络训练场和演习。该子系统提供了封闭的国家网络的垂直控制和水平集成。不同的系统渗透到不同国家重要的网络，监测有关国家部门和整个社会的信息，本质上是对所有信息威胁（不仅是网络）的实时分析，并能够控制部门及其边界的信息流。它的目标是通过监测、控制和防御涉及本国的互联网内容，确保国家信息安全。

网络空间已经成为世界各军事大国较量的最新战场。网络空间军事角力日益加剧，作为传统军事强国的俄罗斯在处于先天劣势的情况下，通过积极研制病毒武器、发展黑客攻击力量等手段稳步提高其网络作战力量；同时，以自己特有的方式打造独立于互联网的国家互联网和军用互联网，从核心技术上摆脱对美国的依赖，构建国家信息安全和防御系统，抵御来自对手的攻击。从效果上看，俄罗斯已经在网络空间大国竞争中赢得了一定程度的战略主动。

3.7 朝鲜：网络作战领域的隐匿者

在世界绝大多数国家眼中，朝鲜是一个既"神奇"又极具"神秘感"的国度。一直以来，人们普遍认为朝鲜是一个非常封闭的国家。说到互联网，恐怕所有人都会认为朝鲜是世界上最落后的国家，不仅没有人能说出一家朝鲜互联网公司，可能很多人都不确定在朝鲜能不能上网。

然而，就是这样一个曾经被人嘲笑没有互联网的国家，却在最近几年时间里接连对一些国家发起了网络攻击。特别是自 2017 年以来，多个重大的网络攻击事件中都出现了朝鲜网军的身影；微软、谷歌、Facebook、FireEye、Proofpoint、赛门铁克和卡巴斯基实验室等多家网络安全公司均声称发现来自朝鲜的多次网络攻击；美国联邦调查局（FBI）和美国国土安全部（DHS）多次对美国企业发出警告，称要小心与朝鲜政府黑客有关联的恶意软件变种。朝鲜的网络战力量开始引起美、韩等主要对手的高度重视。

从最初的不值一提到不可忽视，朝鲜正发展成为网络空间的重要行为体，其军事和情报组织正在获得实施网络战的能力。然而，朝鲜的网络战实力当前发展到何种程度目前尚无综合性论述。现有的研究成果散布于战略、技术和政策等领域，但尚未形成关于朝鲜网络战能力的标准性参考文件。本文通过分析现有的资料和报告，试图揭开其神秘的面纱。

第3章 主要国家网络作战力量建设情况

1. 重大网络攻击事件

从2013年"黑暗首尔"网络攻击事件震惊全球,再到"索尼影业"攻击事件引发全球关注,事实上,近年来出现的多起具有全球影响力的网络攻击事件,美、韩等国的相关机构和媒体都将背后的始作俑者指向了朝鲜网络部队。

1)针对金融机构的重大攻击事件

最有代表性的事件是2017年5月发生的WannaCry大规模勒索软件攻击事件,其导致了全球150多个国家的数十万台计算机受到影响。事后,美国和英国情报机构调查认定朝鲜拉撒路黑客组织(Lazarus Group)实施了WannaCry攻击活动。

近几年来,朝鲜黑客迅速崛起,并卷入越来越复杂的金融战争中。比如,首尔交易所Youbit在2017年4月份遭黑客攻击,孟加拉国央行被窃取8100万美元,台湾一家银行被窃走6000万美元,以及发生在墨西哥、波兰、印度和英国的金融系统网络攻击事件,事后卡巴斯基实验室称,有直接证据表明是朝鲜所为。自2020年以来,朝鲜重新开始针对多个国家的银行,发起欺诈性的国际转账和ATM提款。对此,美国政府指出,朝鲜黑客"操纵"了近40国的金融机构系统。美国国务院、财政部、国土安全部和司法部曾发布联合公告,向全世界警告由朝鲜支持的黑客给全球银行及金融机构带来的"严重网络威胁"。

2）针对能源等关键基础设施实施的网络攻击

过去几年，韩、美指责朝鲜对韩、美等国的基础设施也开展了网络攻击，破坏了这些国家的核电站、交通运输网及电力设施等。韩国国家情报院（NIS）报告称，首尔市中心的地铁系统在 2014 年曾被朝鲜黑客攻击，当时攻击者已经获取了 213 台计算机的远程访问权限，其中有 58 台计算机已经被攻击者的恶意程序完全控制。2017 年 10 月，FireEye 发布报告指出，朝鲜黑客成功入侵美国多家能源公司网络，并且瞄向几家美国工业控制系统（ICS）公司，利用网络钓鱼电子邮件攻击美国近 10 家 ICS 公司，展开情报搜集行动，其中一起已知的入侵行动被认为是有组织的、有针对性的攻击。这一入侵行动的关注点可能只是探测，其目的是在美国关键基础设施公司获得初步立足点。

3）针对军事系统及国防工业实施的网络攻击

影响最大的攻击事件是 2016 年年中发生的朝鲜黑客攻击韩国军事系统、获取韩国机密军事文件事件。据韩国首尔政府部门报告，韩国防御系统的网络控制中心——国防部集成数据中心（DIDC）遭遇入侵，导致 3200 多台计算机感染恶意代码，其中有 2500 多台外网计算机和 700 台内网计算机。这次攻击窃取了大约 4 万份有关 F-16 战斗机和无人机的国防文件，导致美国的战争计划 "5027 作战计划" 被泄露，其泄露造成的后果相当严重[56]。2020 年 3 月下旬至 5 月，迈克菲（McAfee）发布的报告指出，美国国防部和航天部门遭受朝鲜黑客实施的代号为 "北极星行动" 的新一轮网络攻击[57]。此外，ESET 公司在虚拟世界安全大会上指出，朝鲜国家黑客组织攻击了欧洲航空航天公司和军队企业，攻击中使用了新型恶意软件及社会工程学，这些攻击发生在 2019 年 9 月到 12 月。

4）针对新冠病毒疫苗研发机构的网络攻击

全球新冠肺炎疫情发生后，源自朝鲜的网络攻击一直以新冠病毒疫苗和治疗研究的公司为目标，美国科技巨头微软公司在 2020 年 11 月表示，发现两家分别来自朝鲜和俄罗斯的黑客，对多国研发新冠病毒疫苗的公司和机构发起网络攻击，包括美国、加拿大、法国、印度、韩国等七家领先制药公司和研究人员。

上述事件表明，朝鲜能够在和平时期实施破坏性和毁灭性的网络攻击行动，不仅能够入侵民用基础设施，同时，也有能力渗透军事网络，网络战能力远远超出外界之前所设想的水平。

2．朝鲜信息基础设施现状

由于长期遭受制裁，朝鲜国内经济发展缓慢，其信息基础设施建设目前处于比较落后的状态，网络系统数量十分有限，互联网的使用受到严格限制，社会整体呈现出信息较为封闭的特点。

1）内联网

1996 年，朝鲜创建了一支在本国使用的内联网，是世界上唯一一个不参与互联网的国家。目前，朝鲜建有"光明"、"红剑"（人民保安省）、"盾牌"（国家安全保卫部）、"金星"（朝军）等内联网，形成了朝鲜独特的网络系统。其中，"光明"网与 3700 余个普通机关相连，并供居民使用，用户达 5 万名[58]。

121

2）互联网

朝鲜互联网的最明显特点就是封闭。普通民众不能直接连入国际互联网，只能访问朝鲜的内部网络——"光明"网，只有朝鲜精英阶层才能通过有限的资源访问国际互联网。朝鲜邮电部（Ministry of Posts and Telecommunications）负责通过国有的"星空合资公司（Star JointVenture Company）"对外分配朝鲜的互联网地址。

自 2010 年以来，中国的互联网供应商——中国联通（Unicom）提供了"星空合资公司"与国际互联网的第一条链接。在美军网络司令部延长了切断朝鲜互联网接入的行动期限后，朝鲜于 2017 年 10 月新开通了一条面向外部的互联网链接，由俄罗斯的电信公司 TransTelecom 提供。目前，朝鲜通过俄罗斯和中国的电信公司接入互联网。根据美国威胁情报公司"记录未来"（Recorded Future）在 2019 年 2 月 9 日发布的最新研究报告《朝鲜如何将互联网转化为流氓政权的工具》，我们可以看出朝鲜互联网的使用出现了以下变化。

- 朝鲜的互联网使用活动自 2017 年以来增加了 300%，原因有许多，包括使用俄罗斯电信公司 TransTelekom 的基础设施，使用一些朝鲜此前未解析的 IP 空间，以及创建新的电邮、FTP 和 DNS 域名服务器来支持流量增加。

- 互联网已经成为朝鲜高层的专用工具。目前，朝鲜高层在平常工作时间使用互联网，而 2017 年以后互联网活动则集中在周末的下午和晚上。

- 通过对互联网活动增加、互联网容量和带宽增强、之前未解析的 IP 空间使用等情况的判断，互联网不再简单地被朝鲜高层用来休闲娱乐，而是成为其打网络战的关键工具。

- 朝鲜利用 DNS 建立了特有的 VPN，该 VPN 运用了 DNS 信道技术，且 DNS 进程并非用于域名解析，而是用于封闭网络内的数据传输和建立信道。上述技术可能被朝鲜用户用来从无防备目标网络中窃取数据，或者被用于躲避政府内容监控。

- 朝鲜政府在 2019 年增加 4 个国有保险公司的可访问性，目标可能有两个：一是在 2017 年朝鲜国家保险公司（KNIC）遭受制裁后重新利用保险欺诈增加收入；二是打消潜在投资者的疑虑。

- 自 2019 年 5 月以来，朝鲜 IP 范围内的门罗币（Monero）挖掘活动增加了至少 10 倍，原因可能是门罗币的匿名性和低处理能力要求使其较比特币（Bitcoin）更能吸引朝鲜用户[59]。

3）操作系统

朝鲜以国家安全之名构建的"红星"操作系统是朝鲜自主研发的操作系统。该系统具有独特的安全功能，可以对文件加密、预先安装防火墙、对某些系统核心文件提供额外保护机制，以及通过小程序对计算机上发生的任何修改进行持续监控。红星操作系统甚至自带杀毒软件、配备图形化用户界面，且该系统从位于朝鲜国内的服务器下载更新。红星操作系统的设计意图就是让它无法在朝鲜以外的国家被使用，因为该操作系统的互联网浏览器、防病毒更新服务器全部指向朝鲜内部的 IP 地址，无法从国外访问。此外，该操作系统还能够对用户进行深度监控，并能防御任何修改或控制操作系统的企图。

红星操作系统的自制加密进一步体现了该操作系统和这个国家的封闭性。这些加密采用 AES 等成熟算法，但对这些算法进行了修改。至于红星操作系统开发人员是否出于对算法后门的担忧而对算法进行了修改从而应对敌方可利用后门获取敏感数据，还是对加密算法进行了真正的改进，目前还不得而知。无论如何，这表明朝鲜根本不想依赖外国的加密技术。研究人员表示，这是一个很成熟的操作系统，他们控制着绝大部分的编码[60]。

4）IT 产业

美国战略与国际问题研究中心称，朝鲜将发展本土的 IT 产业作为软件开发的重点。朝鲜电力产业部（Ministry of Electric Power Industry）和邮电部负责管理该国的 IT 产业。目前，朝鲜公司为中国、俄罗斯、南亚、中东和非洲的客户提供广泛的产品和服务，包括网站和应用程序开发、行政和商业管理软件、无线电和移动通信平台、IT 安全软件和生物识别执法软件。

3. 朝鲜网络作战力量构成

到目前为止，朝鲜并未公开发布其网络战战略或条令。但是，从上述网络战攻击事件可以看到，这些攻击事件并非临时性、孤立性事件，而是深思熟虑、精心组织的行动，是在现有组织机构和既定目标任务的指导下，为国家战略提供直接支持。为此，有必要了解和掌握朝鲜负责计划和实施网络战的组织机构，对相关组织机构的历史目标和任务进行考察，对其已知的行为方式进行分析，有助于对朝鲜如何将网络战能力应用于作战行动进行预测。

1）组织机构

根据目前掌握的情况，朝鲜人民军网络专职部队由国防委员会直属侦察总局、总参谋部下属指挥自动化部和敌人瓦解部三部分组成，是朝鲜网络骨干力量。

2009年组建的侦察总局下设"第121部队"，负责入侵敌方计算机网络，获取机密资料或施放计算机病毒；同时，侦察总局之下还设有第91室、第3132室两个专项办公室，分别负责黑客攻击及网络心理战；第110实验室负责对敌军事或其他战略设施发起网络攻击；"文件调查室"则负责入侵敌方社会或经济组织网站，并搜集相关重要情报。

人民军总参谋部下辖两家网络战单位，一是指挥自动化部；二是敌人瓦解部。指挥自动化部下设第31室、第32室和第56室，负责开发黑客软件、军用软件及指挥与通信软件。敌人瓦解部下设第204部队，负责对敌军实施网络心理战。

图3-7所示为朝鲜网络部队的组织机构图，是韩国学者在2014年根据当

时掌握的公开资料绘制而成的，当时韩国方面估计的朝鲜网络部队人数为3000人左右。而根据最新报道，近三年以来，朝鲜的网络部队人数提升一倍。韩国军方人士确信，朝鲜网络部队总人数已达7000人左右，这是朝鲜这些年来加紧培训的结果，其发展速度惊人[61]。

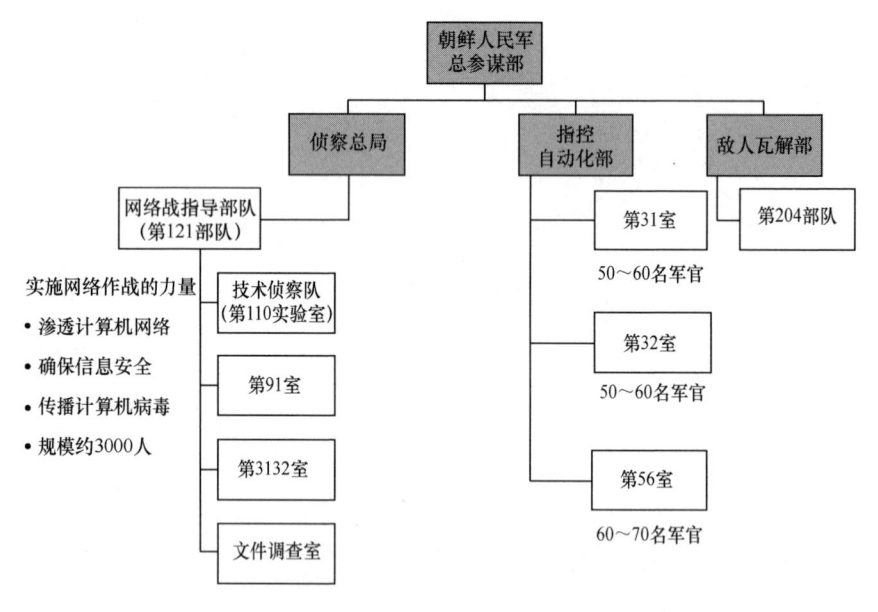

图 3-7 韩国对朝鲜网络部队组织机构的推测

2）黑客力量

目前，朝鲜黑客力量已不容小视。朝鲜黑客通常分为两种类型：一是从事情报相关网络间谍活动；二是从事金融犯罪活动以筹集资金。他们从事的网络攻击活动主要分为：从金融机构和数字货币交易所盗窃资金；使用数据手段非法洗钱；通过网络攻击实施对第三方国家实体的敲诈活动；传播加密劫持软件，利用受害者的机器挖矿。

3）人才培养

朝鲜军方从 20 世纪 80 年代开始就十分重视电脑和网络人才的培养，在 1981 年建立了朝鲜第一所专职培养黑客和电子战部队的秘密军事学院——美林学校。美林学校坐落在朝鲜北部群山环抱、地势隐蔽的云山地区。朝鲜人民军内部称其为电子战学校，后来朝鲜军方将其更名为"平壤自动化大学"[62]。

为了适应计算机网络对全球的影响，朝鲜人民军从 1986 年起开始在"金日成军事综合大学"培养计算机专业人员，学制为 5 年。据美军统计，两所大学每年共向朝鲜人民军输送约 100 名高级计算机人才，而朝鲜人民军对这些专业人员进行严格政审后，每年选取十几人到军队相关部门进行培训，最终成为朝鲜军队的专业黑客。

此外，金策工业综合大学、牡丹峰大学也开设黑客培养的正规课程。主攻 IT 的大学生一般在大三学习黑客技术。对于优秀的学生还会将其派到海外研修，以提高技术水平。

4．朝鲜网络作战的特点

纵观近年来朝鲜实施的一系列网络作战行动，其网络攻击具有以下特点。

1）网络攻击的范围不断扩大

朝鲜网军攻击范围的扩大体现在多个方面。一是活动区域扩大，其最初的活动区域主要集中在韩国，但从 2017 年以来，其活动范围已经延伸到了美国、俄罗斯、日本、越南和中东地区、南美、非洲等众多国家和地区。二是攻击涉及的领域扩大,从最初主要针对金融领域以创汇为目的,扩展到国防系统、航空航天、化学品、电子、制造业、能源、交通与汽车和医疗保健等众多领域。三是攻击对象扩大,从最初的商业大企业扩展到军人、政府官员、舆论机构、广播公司等。

2)网络攻击的复杂程度正在加强

朝鲜网军的网络攻击技术从最初的短期拒绝服务式攻击等单纯攻击向长期高级持续性攻击(APT)进化。恶意代码的功能越来越强大,不只是搜集用户信息,而是破坏数据和硬盘,其中包括更多零日漏洞和类似硬盘擦除器之类的恶意软件的利用。朝鲜网军从最初利用韩文文字处理器(Hangul Word Processor,HWP)中的漏洞,已经发展到拥有利用 Adobe Flash 及其他零日漏洞的能力,并且能够在漏洞公布后迅速对其利用。朝鲜网军开发并在全世界范围内部署了各种恶意软件,这些工具不断地增长并更加复杂化。

3)网络攻击的破坏性日益增强

朝鲜网军的攻击已从最初以民间为对象的创汇性攻击这种单纯的经济目的发展到通过传播恶意代码、电脑僵尸化等破坏国家关键基础设施为目的,并开始瞄准相关国家的国防和航空航天公司等。美国政府已经认识到,朝鲜正在演练将整个美国城市或某个设施致瘫或使其处于危险中的能力,这种网络能力将成为朝鲜下一代的大规模杀伤性武器,不是劫持一家银行,而是劫持整个国家。

4）网络攻击的溯源困难

朝鲜常利用其他国家作为平台并进行各种网络活动，同时朝鲜网军运用了多种隐蔽、迂回的网络攻击战术，其所实施的网络攻击不易被反跟踪、识别及打击，使得对方很难确切地将网络攻击归咎于朝鲜，这也使美、韩等国的机构更难开展报复。再者，由于朝鲜的互联网或局域网系统很多是气隙式的，朝鲜自己的互联网或内部网系统很难接入，直接报复或先发制人的网络防御不太可能实现。

网络战无疑为朝鲜提供了一大战略优势，因为他们可以展开对外攻击，但其他国家对其展开攻击的能力却很有限。朝鲜极有可能试图借助这种不对称优势实现更多的政治、军事和经济利益。美国政府认为，朝鲜已经形成了强有力的军事级别的网络攻击能力，已具备实施对他国关键基础设施更具扰乱性和破坏力的网络攻击能力。朝鲜被认为是美国在网络空间中最危险的对手之一，与俄罗斯、伊朗齐名。随着疑似朝鲜网络攻击行动展现出影响全球的威胁能力，美国国家安全和军事机构也在密切关注其最新动向。未来，如果朝鲜的网络活动触及美国等国家的核心安全利益，那么主动打击和压制朝鲜网络活动可能成为美军不得不面对的任务。

3.8 伊朗：网络作战领域的交锋者

近年来，伊朗的网络作战能力迅速提高。虽然伊朗当前还算不上一流网络强国，但其在网络战略和网络建设方面仍领先于大多数国家。伊朗将网络攻击视为其对抗美国所必需的一种不对称军事能力，如果能够与美国及其他敌对国家匹敌，与之抗衡并制止它，伊朗就必须在一个更加平等的领域——网络空间，来与美国及其他敌对国家抗衡。

一直以来，伊朗政府都很少将自身网络作战实力公开示人，并对其网络战略意图避而不谈。但是通过最近发布的《伊朗伊斯兰共和国武装力量总参谋部关于适用于网络空间的国际法的宣言》等战略文件，仍可看出伊朗的专业化网络力量正在不断成长，网络作战能力也在稳步提升。

1. 日益强化的网络威慑思想

尽管 2015 年 1 月就有媒体报道称，伊朗正在制定一项新的网络安全战略，但该战略迄今未见正式文本，这无疑为伊朗的网络战攻防能力增添了神秘色彩。2020 年 8 月，伊朗武装力量总参谋部发表了《伊朗伊斯兰共和国武装力量总参谋部关于适用于网络空间的国际法的宣言》，该宣言从应对网络威胁的角度阐明了各种武装力量活动的概念、宏观政策和框架，并明确指出，如果任何国家、团体或由其他任何国家支持、控制或指导的个人或实体做出了与该宣言所述政策相悖的举动，伊朗武装力量就有权以坚定而果断的方式做出回击[63]。

伊朗强化了网络威慑战略，宣示在网络空间安全方面的国家立场，为网络空间行为"举旗画线"，强调将采取包括军事、外交和法律在内的一系列措施予以应对，力求震慑一切国外网络安全威胁。

2. 独立且专业化的网络作战力量

网络作战能力军事化是伊朗的优良基因和历史传承，组建独立且专业化的网络作战力量则是伊朗在"震网"事件后的自我反思与重塑。自"震网"事件以来，伊朗一直默默发展自己的网络力量，从未对外披露其网络作战力量组成。伊朗网络作战力量主要分为三类：一是伊朗伊斯兰革命卫队的网络战分支机构；二是由伊朗民兵组织管理，并由志愿者组成的伊朗网络军团；三是具有政府背景的网络间谍组织。这些网络作战力量涉及政府机构、代理人和军事组织，其中有些隶属于政府和军队，有些似乎为独立组织；有些作战力量更侧重于网络防御，但也可与军事部门协同发动进攻性网络战[64]。

1）政府机构

如表3-6所示，政府机构是伊朗网络作战力量的重要组成部分。在如何实施网络安全策略一事上，伊朗的态度是以政府为主导，自上而下贯彻其策略。

表 3-6 伊朗主要政府机构

组织机构	职能
通信与信息技术部	2011年7月,伊朗成立了通信与信息技术部。该部下设伊朗电信研究中心,后者在各个高科技领域,尤其是在信息安全领域的尖端研究中发挥着关键作用。在通信与信息技术部的领导下,伊朗随后还建立了马赫信息安全中心,以便及时处置网络攻击及其他挑战
伊朗网络警察	2011年1月,伊朗新成立的网络警察部门开始正式运转。该部门主要负责打击网络犯罪和监视伊朗境内的在线活动,其任务包括入侵不同政见者的网站和电子邮箱,以免有人利用互联网从事间谍及破坏活动
网络空间最高委员会	2012年3月,为了协调网络攻击与网络防御,伊朗最高领导人哈梅内伊创建了一个由高级军事和情报官员组成的"网络空间最高委员会"(也称"网络空间高级理事会"),以负责协调伊朗政府的网络空间政策,以及进攻性与防御性网络战。凡是涉及网络业务的组织或团体,都必须执行该委员会的政策
国家网络空间中心	该中心是网络空间最高委员会的下设机构,主要关注网络信息的内容及国内互联网的安全管控。根据伊朗2013年发布的《国家网络空间中心规范》,该部门还负责"做好与敌人展开文化战争的准备"
情报与安全部	该部门类似于美国的国家安全局,主要负责搜集信号和情报
电子战与网络防御组织	该组织隶属于伊斯兰革命卫队,主要负责提供网络防御方面的培训课程、阻止网络访问及审查在线内容和通信

2)代理人

众所周知,代理人在伊朗网络战行动中扮演着重要角色。如表3-7所示,这些代理人主要是出于爱国或经济目的的独立黑客,此外也包括一些私营承包商和准政府组织。这些代理人要么得到了伊朗政府的支持,要么在伊朗政府的默许下开展行动。从伊朗政府国内的网络监控力度来看,这些代理人的行为可能并非由国家主导,但几乎肯定得到了伊朗政府的默许甚至鼓励。

第3章 主要国家网络作战力量建设情况

表3-7 伊朗典型代理人

组织机构（或个体）	职　能
马布纳研究所	一家私人承包商，能够根据伊朗政府和伊朗革命卫队的要求，实施计算机入侵、电信欺诈和数据盗窃等活动
"伊朗网军"	该组织成立于2005年，主要负责网络攻击。尽管"伊朗网军"与伊朗革命卫队没有直接关联，但两者间存在千丝万缕的间接联系。据伊朗政府官员称，伊朗政府会指示该组织入侵"敌方网站"，转移互联网流量，并入侵外国媒体网站和社交媒体平台
APT33	该组织堪称伊朗黑客组织的领军团队，其攻击对象包括航空航天、国防和能源企业。该组织通常以沙特阿拉伯拥有和运营的机构为攻击目标，但有时会攻击美国和韩国等国的机构
CopyKittens	该组织从2013年开始活跃，其攻击范围包括以色列、沙特阿拉伯、土耳其、美国、苏丹和德国等
OilRig	该组织的主要攻击目标是中东地区的企业，并常常利用组织之间的信任关系来发起供应链攻击
Operation Cleaver	该组织从2012年开始活跃，主要攻击范围包括加拿大、中国、英国、法国、德国、印度、以色列、科威特、墨西哥、巴基斯坦、卡塔尔、沙特阿拉伯、韩国、土耳其、阿拉伯联合酋长国和美国等
MuddyWater	主要攻击中东国家，有时也会攻击欧洲和北美国家。该组织的主要攻击目标是电信企业、政府机构（IT服务）和石油行业，并喜欢使用开源工具来发动攻击

3）军事组织

军事组织是伊朗网络作战力量的基石。如表3-8所示，伊朗革命卫队、巴斯基网络委员会、国家被动防御组织和网络防御司令部4个军事组织在网络战行动中发挥着主导作用。

表 3-8　伊朗军事组织

机构名称	职　能
伊朗革命卫队	革命卫队是伊朗武装力量的一个分支，其设有网络指挥部，负责开展商业和军事情报活动及监督进攻性网络活动。革命卫队实施了一系列针对美国、以色列、沙特阿拉伯及其他海湾国家的网络攻击，并努力与网络安全和通信领域的公司构建一个不断扩大的合作网络，以此来抵御外国尤其是美国的网络攻击，以及攻击美国的网络信息系统
巴斯基网络委员会	巴斯基网络委员会由非专业人员组成，其被视为一支准军事力量，负责在伊朗国民卫队专家的监督下借助志愿者开展黑客活动。这些志愿者有时被称为"网络战争突击队员"
国家被动防御组织	该组织的宗旨是保护基础设施，其主要职能之一就是"利用国家所有网络和非网络资源来吓阻、预防、阻止、识别和有效打击敌对国家或由敌对国家支持的团体对伊朗国家基础设施发动的一切网络攻击"
网络防御司令部	网络防御司令部成立于 2010 年 11 月，该组织被认为是伊朗军队的网络总部，并与巴斯基网络委员会一同实施进攻性网络活动。该司令部相当于美国
网络防御司令部	网络司令部的翻版，也是伊朗网络作战中最活跃的一个部门。该司令部的主要职责是保护伊朗基础设施免遭网络攻击，阻止有人利用互联网从事间谍及破坏活动，以及对国内反动派进行暗中监视。该司令部还下辖计算机应急响应小组协调中心，后者的主要职责是促进沟通，并在国家层面上协调网络威胁响应行动

3. 稳步提升的网络攻防能力

长期以来，伊朗一直将网络攻防作为对抗美国的一种非对称手段和发展重点。"震网"病毒的攻击使伊朗痛定思痛，开始全力提高网络作战能力。尽管伊朗出于种种缘故并未开展过大规模的网络攻击，但其的确具有足够的攻击能力和一流的网络审查系统，网络攻击方式也多种多样。

1）足够的网络攻击能力

近期与伊朗有关的网络攻击事件表明，伊朗的攻击能力的确达不到美国和俄罗斯等国的水平，但在攻击民用和关键基础设施上表现堪称娴熟。安全专家认为，伊朗网络攻击组织一直致力于攻击基础设施、工厂和油气机构。由伊朗政府支持的网络攻击或可窃取美国官员的个人情报，让大型企业的网络瘫痪数日乃至数周，甚至中断电力，导致城市瘫痪[65]。

2020年1月，美国情报机构在其发布的《全球威胁评估报告》中指出，伊朗从2019年1月起开始设法增强其网络作战能力，以便攻击美国的关键基础设施。2019年，伊朗黑客袭击了阿联酋、卡塔尔和科威特等海湾邻国的私营部门及意大利石油公司 Saipem。为窃取公司机密并清除计算机中的数据，伊朗黑客还攻击了全球200多家石油和天然气及重型机械公司，波及人数多达数千人。此外，伊朗一直试图入侵电信和互联网基础设施提供商，以劫持中东、欧洲和北美政府机构的全球域名。

2）多样化的攻击样式

从近期活跃的伊朗网络攻击活动来看，伊朗的网络攻击能力从最初粗浅的网站首页涂改，逐渐发展到可实施网络间谍活动、网络假消息宣传、分布式拒绝服务攻击和入侵关键基础设施网络的水平，这表明伊朗的网络作战攻击样式日渐多样化，网络战能力正在不断增强。表3-9展示了伊朗网络攻击方式。虽然伊朗的网络战能力不如俄罗斯，但伊朗同样拥有能执行侦察与目标分析任务的团队。除"阻断服务"攻击外，伊朗还可发起网络间谍活动、勒索软件攻击和破坏性攻击。

表3-9 伊朗网络作战的主要攻击方式

攻击方式	具 体 措 施
篡改网站	控制网站上的数据和图像，或将流量指向其他网页
数据泄露和盗窃	入侵计算机系统，获取大量受保护的数据
拒绝服务	使目标计算机或网络充斥大量数据，致使用户无法访问
破坏性攻击	破坏目标网络中的应用程序和计算机，其所造成的损害几乎等同于物理攻击

仅在2019年，涉及伊朗黑客的网络攻击和网络间谍事件就多达14起，其中包括针对美国大选的网络活动，针对伊拉克、巴基斯坦和塔吉克斯坦电信系统的攻击，以及对工业控制系统企业员工账户的入侵等。2019年7月，火眼公司称，与伊朗政府有关的黑客组织APT34已开始部署针对社交平台"领英"（LinkedIn）的网络钓鱼活动。黑客向美国"领英"用户发送加入专业网络的邀请，从而将恶意软件注入受害者系统，继而通过后门提取其机密信息。2019年10月，美国相关安全团队发现伊朗黑客攻击了241个电子邮件账户，其中部分账户与美国大选有关。此外，美国还曾指控伊朗黑客试图窃取美国退伍军人的信息及学术研究数据[66]。

3）一流的网络审查系统

从2009年开始，在诺基亚公司和西门子公司的帮助下，伊朗建立了"世界一流的互联网控制和审查系统"。该系统既可军用也可民用，其不但能封锁网站或阻碍网络访问，还能广泛监测和收集个人的网上通信内容，甚至修改内容、传递假消息。该系统可以解析电子邮件、网络电话和"推特"(Twitter)等社交网站的图文信息，审查其中的关键字，然后重新封装起来，整个过程耗时仅有几毫秒。该网络审查系统加大了伊朗的网络审查力度，并能抵御来自外部的网络攻击，但无可避免地会拖慢网络传输速度。

4．网络作战特点

在政治文化冲突和地缘政治博弈的推动下，美伊两国长期陷于网络战的泥沼不能自拔。对伊朗而言，网络战是一种切切实实的战争，而且可能是唯一可行的对美战争手段。

正如表3-10所示，从2010年伊朗核设施遭遇"震网"攻击，到2020年伊朗核设施遇袭，美伊之间的军事冲突不断升级，两国持续在网络空间内明争暗斗。美国一直在探索打击伊朗关键目标的网络手段，研究如何渗透伊朗的关键信息系统和重要网络系统，而伊朗也力求通过网络实施适当的防守反击。伊朗网络战部队频繁对美国实施网络攻击，显露出伊朗政府拥有在网络空间内与美国对抗的实力和意图。

表3-10 2019—2020年美伊网络战例

时间	事件名称	概述
2020年6月	伊朗核设施遇袭	从2020年6月开始，伊朗的核设施、导弹基地和发电厂相继发生爆炸。7月2日夜间，伊朗纳坦兹（Natanz）核设施突发剧烈"爆炸"，离心机组装中心的大部分地面设施被毁；7月6日，以色列国防部宣布成功发射"地平线16号"军事间谍卫星，该卫星将和2002年发射的"地平线5号"一同监控伊朗的核设施。7月10日凌晨，德黑兰以西的导弹基地再次发生剧烈爆炸。综合有关分析，以色列和美国极可能对伊朗核设施实施了"网络攻击"

续表

时间	事件名称	概述
2020年1月	美军定点清除伊朗高官	2020年1月,伊朗二号人物苏莱曼尼在美国发动的空袭中丧生,美伊关系骤然紧张。美国联邦存储图书馆项目的网站随即被伊朗黑客攻击,一张"伊朗革命卫队拳打特朗普"的图片被放置在网站首页。据"硅谷立场"(SiliconANGLE)报道,这次黑客攻击活动是伊朗对美军空袭苏莱曼尼的报复
2019年10月	伊朗黑客试图入侵大选账户以干扰美国大选	2019年10月,微软威胁情报中心披露,与伊朗政府有关的黑客组织发起了名为Phosphorus的攻击,试图入侵与美国大选参与方、政府官员和媒体记者的邮件账户。此外,美国还指控伊朗黑客试图窃取美国退伍军人的信息及学术研究数据
2019年9月	美国在沙特石油设施遭袭后对伊朗实施网络攻击	2019年9月,沙特阿拉伯的石油设施遭袭,虽然也门胡塞武装宣布对此负责,但沙特阿拉伯和美国均宣称伊朗才是幕后黑手。袭击事件发生后,美国随即对伊朗发动了秘密网络攻击。据称,此次攻击对伊朗的物理硬件造成了影响。美国国防部拒绝证实这一消息,并表示从政策和行动安全的角度考虑,不会透露美军在网络空间内的运作、情报或计划
2019年6月	美军无人机遭伊朗击落后美伊开展网络互攻	2019年6月,伊朗伊斯兰革命卫队声称其击落了一架属于美国海军的RQ-4A"全球鹰"无人机。作为回应,美国时任总统特朗普授权对伊朗展开网络攻击。美媒称,网络攻击除成功瘫痪伊朗用于控制火箭和导弹发射的计算机系统外,还同步摧毁了一个负责追踪海湾船只的间谍网络。与此同时,伊朗加大了渗透美国的"软"目标和电子邮件账户的力度

不难看出,伊朗网络作战的行动目标发生了变化,从对内进行信息管控和压制,演变成了对外国目标发动更具侵略性的攻击。同时,在网络作战的攻击目标、攻击手法和攻击武器等方面,伊朗也有自身的特点和不足。

(1)从攻击目标来看,伊朗网络作战主要针对敌方私营部门。2019年6月,美国国土安全部表示,伊朗针对美国私营企业的"恶意网络活动"有所增加。美国军方在 2019 年发布的一份报告中指出，伊朗主要针对世界各地的航空公司、国防承包商、能源公司、自然资源公司和电信公司开展网络间谍活动。已曝光的伊朗网络攻击目标多为私营部门中网络防御能力较差的设施和系统[67]。2019 年，伊朗黑客袭击了阿联酋、卡塔尔和科威特等海湾邻国的私营部门及意大利石油公司 Saipem。2016 年，美国司法机构对 7 名与伊朗政府有关的黑客提出指控，称他们为报复美国对伊朗的经济制裁，在 2013 年实施了针对美国银行、纳斯达克证券交易所和纽约证券交易所等金融机构及一座小型水坝的大规模协调攻击。2011 年至 2013 年期间，伊朗黑客对包括美国银行（"美国银行"为一家美国银行的名称）和富国银行在内的银行网站发动分布式拒绝服务攻击，导致客户在一段时间内无法访问这些网站。

（2）从攻击手法来看，隐蔽性不强。从外界披露的伊朗网络攻击活动来看，美国、以色列及相关网络安全公司频繁曝光伊朗网络攻击行动，涉及攻击手法、组织及个人等细节，这表明伊朗网络攻击行动的隐蔽性不强。

2020 年 1 月，在美军定点清除伊朗高官不久后，美国联邦储备图书馆运营的网站便遭到攻击，其他非政府网站也遭到了同一批黑客的破坏，并在网页上展示了伊朗要向美国报仇的信息。美国多家网络安全公司的分析报告称，总部位于伊朗的某网络间谍组织试图以发送网络钓鱼邮件的方式，来攻击美国政府、军事、金融、石油和天然气等领域的网络系统。

2019 年，Telegram 频道、暗网和公共互联网上的网站多次曝光伊朗的网络间谍活动。黑客组织"MuddyWater"的运营数据及"拉纳（Rana）研究所"

的相关信息都被公之于众，致使伊朗的黑客组织不得不重新开发黑客工具，并使用新的方式开展攻击活动。伊朗的黑客组织可能因此推迟了当时的网络攻击计划。美国对伊朗极限施压后，伊朗的知名黑客组织APT33堂而皇之地发起网络战行动。APT33并不在意其发出的网络钓鱼文件被安全机构发现，但会竭力避免将其攻击活动与伊朗挂钩[68]。

（3）从攻击武器来看，缺乏可靠的技术支撑。从外界披露的伊朗网络武器来看，伊朗主要利用黑市上的恶意软件实施网络攻击，网络武器的体系化建设和原创性研发明显不足。伊朗并非计算机大国，网络人才相对匮乏，因此更难培养出合格的网络战人才。由于美国长时间对伊朗实施贸易禁运，伊朗无法购买或研制足够先进的计算机，再加上持续性的临战状态迫使伊朗长期运行网络作战设备，导致设备损耗很大，有相当一部分设备都需要停机和修复。总的来说，伊朗缺乏强有力的网络技术来支撑网络作战，这在相当程度上限制了其网络作战能力。

总而言之，伊朗与美国的网络作战水平存在差距，但其网络作战能力正在不断提升，对美国来说是一个不可小觑的对手。可以预见的是，美伊在网络空间内的斗争将是一个长期而复杂的过程，"现实冲突与网络对抗相互交织"将成为美伊斗争的新常态，并对地区形势和国际安全产生深远影响。

5. 未来发展趋势

当前网络作战已经成为美伊博弈的重要手段，未来美伊还将持续相互发动网络攻击。虽然伊朗的网络作战水平逊于美国，但其网络作战能力也在不断提升。未来伊朗将在网络作战领域做好"长期缠斗、阶段激化"的准备，围绕"战略牵引、有所侧重"的作战理念，保持"激烈而有节制"的作战态势。

1) 做好"长期缠斗、阶段激化"的准备，网络对抗进一步加剧

网络空间是现实世界的延续和拓展，网络空间斗争是现实世界博弈的虚拟映射。自1979年伊朗伊斯兰革命后，除了没有发动战争，美国对伊朗实施了孤立、制裁、颠覆和军事包围等一切敌对手段，伊朗则视美国为"霸权强敌"，并竭其所能扩展自身势力，企图将美国赶出中东。两国的矛盾根植于政治文化冲突和地缘政治博弈，只要双方无法消除基础性障碍并互信互谅，敌对状态就会延续下去，并在网络空间内引发冲突。

2) 保持"激烈而有节制"的作战态势，积极发展非对称作战能力

自2010年"震网"事件以来，伊朗一直在积极发展自身的非对称作战能力（尤其是网络空间渗透攻击能力），以确保其网络攻击能力不断提升。美国在2020年定点清除苏莱曼尼后，伊朗没有选择与美国正面开战，而是发挥其非对称作战能力，积极运用发展了十多年的网络空间渗透滋扰能力来妨害美国及其区域盟友的安全和军事利益。在未来很长一段时间内，伊朗很可能将网络攻击行动控制在一定限度内，保持"激烈而有节制"的作战态势，以免网络战升级为全面战争。

3）围绕"战略牵引、有所侧重"的作战理念，实现网络战实战化和多样化

当前网络空间和现实空间进一步深度融合，利用网络空间开展阻流瘫点、制权毁体等作战样式已经成为现实，网络武器向实战化和多样化发展[69]。美伊双方开展网络战的行动样式，将取决于双方的政治和军事目的及自身的网络武器装备水平。当前伊朗拥有足够的网络攻击能力，但防御能力薄弱，仅可对美国及其盟国内安全防护较差的目标开展网络攻击。已曝光的伊朗黑客行动表明，为窃取关键情报、开展滋扰破坏和展示网络作战能力，伊朗开展了一系列网络攻击或网络渗透活动，涉及多个行业和部门。未来伊朗将以"全时寻隙渗透、无序发动攻击"作为对美国开展网络斗争的战略，作战样式也将以软性阻断破坏为主，并重点攻击美国国内防护能力脆弱的民用目标[70]。

网络作战已经成为美伊博弈的重要形式和手段，美伊之间的网络攻击从未真正停止过。伊朗与美国及其他国家的网络战水平存在差距，但其网络作战能力正在不断提升，已成为网络战领域不可小觑的对手。未来伊朗将在提升网络攻击能力的同时，加强自身网络防御能力的建设，以便在网络空间真正占据一席之地。

第4章

对我国网络作战能力建设的启示和建议

4.1 参与网络空间规则制定,提高网络空间话语权

目前,全球网络空间规则的制定仍然处于初始阶段,国际社会围绕网络空间规则制定的合作与博弈正在全球展开。我国亦应把握信息革命机遇,打造网络安全新格局,织密清朗网络空间的规则之网,构建网络空间命运共同体。

一是完善网络空间战略体系架构。美国先后颁布国家战略体系政策文件,从技术、资源、信息到法理多个方面抢占全球网络空间制网权和制高点,加速网络安全治理。同时,俄罗斯、英国、欧盟也陆续制定完善网络空间安全战略,描绘领域愿景与制定措施。对此,我国应积极建立健全具有我国特色的网络空间战略体系架构,增加、修订、完善与网络安全相关的战略文件、法律条款,推动现有政策延伸适用到网络空间。

二是强化军用信息网络法规制度建设。我军上至战略层,下至战术层,诸军兵种对信息网络的迫切需求促进了网络系统的发展,这就需要根据我军实际情况和特点制定相关军用网络法规制度和管理细则。

三是突出数据安全。针对数据安全领域国际规则的不足，我国在 2020 年 9 月提出《全球数据安全倡议》，借助"一带一路"倡议积极同其他国家开展领域合作，同各方探讨并制定全球数字治理规则，共同推进网络空间全球治理，增强我国在网络空间的话语权和影响力。

4.2 充分利用民间力量，推进军队与网络安全企业合作，打造互联网安全体系

面对网络空间日益严峻的趋势，网络空间作战的跨国性、复杂性、隐蔽性导致仅依靠军队自身力量很难满足对战时作战、日常维护、演习训练的需求。面对网络工具、网络劳动力的不足，美军通常会与网络安全企业合作，采取购买服务及工具的合作方式共同运营。

一是构建军地协同的服务保障模式。美国政府高度重视私营企业在国防网络安全中的作用，军民合作共建国防信息基础设施，购买私营企业的安全技术服务及装备。对此，我军要充分整合民间网络力量，构建"军队主导、军工支撑、社会保障"的军地协同安全服务保障体系，由优质军工企业提供专业高效的安全服务，依托其专业的服务团队和技术平台，协助军队及时开展日常运维、系统升级、威胁分析和应急响应。

二是构建军地网络信息共享机制。美国曾颁布总统令促进私营企业和国家部门间的信息共享，美军因此授权将部分合作机构、公司纳入军事情报系统，提高自身网络能力[71]。对此，我军需进一步构建军地网络信息共享机制，建立数据双向、安全可靠、按需配给的数据交换共享机制和通道，促进民参

军、军转民及军民协同创新。

三是构建军地人才培养模式。为加强网络空间力量建设，美国制定实施了全面的网络人才战略，公开招募民间网络专业人才，军地共同培养网络人才，提升专业技能。对此，我军和地方联合组织人才培养，建立人才交流机制，进一步壮大网络安全人才队伍，加强网络作战力量建设。

4.3 全面加大统筹力度，积极打造联合网络作战能力

网络的本质就是互联互通，因此对网络作战而言，联合各方力量参与行动本是应有之义。然而大部分国家的网络力量建设尚在起步阶段，缺少成熟的联合网络作战理念、制度、装备和体系，各军种、机构和部队之间往往存在固有的利益藩篱，不愿相互共享资源和信息，再加之迈向联合网络作战的军事转型牵涉甚广，通常都需要投入巨量的资金和技术，因此迄今为止，还没有一个国家建立覆盖全军的、面面俱到的联合网络作战能力。不过鉴于联合网络行动有望显著提升全军作战效能，网络安全更是可能引发"蚁穴溃堤"的全局性问题，各网络强国已开始摩拳擦掌，纷纷把联合网络作战能力提上发展日程。

纵观美军近年来在网络领域提出的新理念、新思路，无不把"联合"放在首要的位置上。举例来说，目前美军正在大力推进"联合全域指挥与控制"（JADC2）作战理念，而 JADC2 的核心要义，就是把全军的所有武器、装备和系统都整合到统一的网络之中，进而在人工智能的辅助下，快速制定出包含网络攻防在内的最优作战方案。又如美国网络司令部提出的"联合网络作战架构"（JCWA），意在以"统一平台"为载体，将"联合网络指挥与控制""持久性网络训练环境"和"联合通用访问平台"等原本独立的网络功能及各种网络工

具整合起来，形成高度自动化和互操作的联合网络作战系统。此外，无论是美国国防部的军用云环境项目"联合企业防御基础设施"及其替代项目"联合作战人员云能力"，还是美国陆军的战术网络"联合战术网格"，均冠以"联合"之名，足见美军对联合网络作战的重要性有着深刻的认知。

除美国外，其他国家也在加紧建设联合网络作战能力。其中，俄罗斯建立了覆盖全军的综合自动化控制系统"俄罗斯联邦武装部队自动化控制系统"（ASU VS RF），该系统以指挥系统 Akatsiva-M 为依托，能够通过网络来控制和指挥俄军其他的自动控制系统，并通过广泛的数据整合与分析来缩短决策流程；英国于 2020 年参照 JADC2 提出了自己的"多域融合"（MDI）作战理念，以建立覆盖陆、海、空、天、网五大作战域、能够无缝衔接所有装备和技术的信息网络；澳大利亚抽调澳军和情报机构在网络领域的精兵强将，组建了"国防情报与网络司令部"，以统一指挥澳方所有的网络力量；连网络力量相对薄弱的印度，也正在筹建类似于美军网络司令部的三军网络司令部，希望以"集中控制，分散执行"的运作方式来提升网络行动的效能。

随着信息技术的进步和军队网络化进程的加深，多技术结合、多平台融合、多部门整合、多兵种配合的联合网络作战已成为各国发展网络作战力量的必然趋势。我国应当充分汲取各方经验，不守旧、不冒进，按照中央军委适应一体化联合作战的要求，以成熟技术有序更新我军的关键信息节点，逐步建立覆盖全军的联合信息共享环境，继而通过整合各类信息系统和武器装备，将分散部署的作战力量通过信息网络结成具备实时感知、高效指控、精确打击、快速机动、全维防护和综合保障等作战能力的联合作战体系，最终实现集信息与火力于一体的全域作战样式。

4.4
坚定推动自主可控，大力发展军民两用技术体系

网络攻防是一个高度技术化的领域，要想在烽烟四起的网络空间中占据一席之地，就必须拥有尖端的信息设备和顶尖的技术人才。既然美英等国已将网络空间确立为五大作战域之一，自然就不会向其认定的对手提供先进的网络攻防技术和设备。

近年来美国已将中国视为头号战略对手，为此不遗余力地打压华为和中兴等中方信息技术企业。在和平时期尚且如此，一旦我国卷入军事冲突，以美国为首的西方国家必然对我国实施技术出口管制，所以我国必须坚持自主创新，加强技术攻关，打造独立自主的先进网络技术体系。所幸我国的信息技术产业近些年发展蓬勃，可以满足我国现役主战装备的军事需求。军用技术不同于商用技术，其更加注重安全性、可靠性和低成本，性能指标反而是相对次要的考虑因素。以网络攻防所必需的芯片为例，以中芯国际为代表的我国芯片企业已在批量生产 28 纳米乃至 14 纳米制程的通用芯片，虽与 7 纳米等先进制程尚有差距，但完全能够满足北斗定位、5G 射频和信息存储等方面的需要。

当然，在满足现有军事需求的基础上，要想进一步提高我军的网络作战能力，就必须继续自主研发更加先进的技术。目前我国在 5G 等技术领域拥

有明显的发展优势，5G 基站数量已占全球的 70% 以上，这既为以物联网为代表的新基建领域打下了坚实的基础，也为我军抢占网络作战领域的技术高地提供了良好的契机。事实上，美国也注意到了 5G 的军事价值，从 2020 年起就着手开发智慧仓库、增强现实和 5G.MIL 互操作网络等军用 5G 场景，希望利用 5G 技术提升美军的作战效能。美国尚且如此，我国就更应该按照"以民用技术支持军队发展"的思路，以国内蓬勃发展的信息技术产业为依托，在成熟的商用技术基础上开发稳定可靠的军用技术，在网络领域开创商用与军用技术深度融合、相互促进的良好发展局面。

4.5 加强国产化网络安全装备体系建设，大力提升我军网络安全主动防御能力

网络安全防护能力的建设除了依靠国家政府的投入和科研院所的研制，还需要借助产业优势形成深层次的技术创新和理论创新，并通过我军网络作战力量的实战演练进行迭代，从而在我军网络安全防护装备体系、能力建设和技术创新等方面，实现实质性的技术突破，推动我军网络安全防护能力体系的建设。

一是加强技术创新，坚持走网络安全技术国产化自主可控道路，构建完备的网络安全防护装备体系。当前，美国一方面通过思科、IBM、微软、谷歌、英特尔等全球领先的网络安全公司，实现了对操作系统、核心芯片、数据库等关键技术资源的把控；另一方面又通过审查、限制等方式驱离他国安全企业，阻止他国产品在其境内的推广使用，其核心目的在于保持其在网络空间安全方面的优势地位，并防备他国对其网络安全领域的渗透。2022年，自欧洲爆发地缘政治冲突以来，美国陆续宣布对俄罗斯实施全面出口管制措施，涉及技术、设备、软件等，限制包括技术在内的美国商品，以及使用美国设备、软件和蓝图生产的外国商品出口到俄罗斯。我军在网络安全防护装备体系建设上，需要切实保障对操作系统、核心芯片等关键技术设施的国产

化和自主可控，减少对国外元器件产品的依赖，从根源上降低我军网络安全防护系统漏洞威胁产生概率。

二是加强网络安全监测预警和态势感知能力建设，提升我军网络安全主动防御能力。近年来，美军通过其网络空间攻击武器成功实施了对敌方网络设施的攻击行为，如"震网""火焰""舒特"等，造成敌方核心关键设备的瘫痪和技术研发的停滞，有效阻碍了敌方攻击行为的实施和安全威胁的成形。此外，通过"斯诺登""维基解密"等事件的曝光，美军已然建立了网络空间攻击体系，具备一定的网络空间打击能力。当前，为应对国外网络攻击行为，提升我军网络安全防御能力，需要加强我军网络安全监测预警能力建设，构建完备的病毒、木马、蠕虫等恶意代码查杀体系，增强对零日、APT等渗透攻击方式的抵御能力。同时，建立全面的网络安全态势感知系统，实现对遭受攻击的设施、区域进行及时切分隔离，形成全军一体化协同联动的网络安全主动防御体系。

4.6 积极推进网络攻防实战化演练

当前,网络空间被列为继陆、海、空、天之后的第五作战域,在未来大国军事对抗中将发挥重要作用。自美国提出"重返大国竞争"以来,美军网络司令部及各军种频繁举行网络演习演练等,加快提升整体网络空间进攻作战能力,强化网络防御能力,夺取网络空间作战主动权,巩固网络空间霸主地位。仅在 2021 年,美军组织或参与网络演习、联合网络演习达 20 余次,尤其在大型综合演习(如"网络风暴""网络旗帜"演习等)中融入了较多网络空间作战场景,从而增强了美军及其盟友的联合网络作战能力。整体来看,网络空间已经成为美军军事演习的关键领域,网络空间作战在美国联合军事行动中的重要性和紧迫性愈发突出。

长期以来,境外组织针对我国的大规模网络演习频发,美欧等国将我国视为网络空间领域"潜在威胁"对手。未来,网络作战将不仅影响军事领域,对国家政治安全、经济安全、国民安全也将造成重大威胁,攻击领域还将针对政府、金融、通信、电力、交通等重点关键基础设施行业。网络战山雨欲来,国家安全困境亟须破局,我国要积极推动网络攻防实战化演练。

鉴于此,我国在应对未来严峻的网络威胁时,需要重视各级组织机构间的协调、各种设备系统之间的联动及各类安全数据间的协同，也要通过不断应急演练来完善相应的流程和机制。借鉴美国"网络风暴"演习的经验做法，我们要常态化地组织国家有关部门及军兵种联合网络攻防整体演习；各战区及战区内省、自治区、直辖市有关的部门（包括区域内军兵种部队）联合，由地方政府与驻军协同组织网络攻防演习；国家关键基础设施系统等组织自上而下的行业内网络攻防演练等，以此提高多层次、多部门、多要素军地联合网络攻防整体作战能力。

参 考 文 献

[1] 顾平安. 数据治理赋能数字政府建设[J]. 社会治理，2021(4): 6.

[2] 兰德公司. 网络战从概念走进现实[EB/OL]. [2020-01-06].

[3] 吴承泽. 美国网络安全与网络战政策探析[D]. 长春：吉林大学，2013: 20.

[4] 李大光，张史记. 网络战到来，我们准备好了吗[J]. 国防科技工业，2011(7): 2.

[5] 韩春阳，李汶蔓，李思远. 网络战形态及发展趋势探析[J]. 军事文摘，2020(6): 7-10.

[6] 龚新华，韵力宇. 网络战：用看不见的方式摧毁你[N]. 中国青年报，2011-01-14.

[7] 沈雪石. 国家网络空间安全理论[M]. 湖南：湖南教育出版社，2017.

[8] 王定明. 网络空间作战的战略思考[EB/OL]. [2018-06-20].

[9] 夏聘，OMRY Haizler. 美国网络战的历史及其对现代网络作战组织和决策的影响[J]. 中国信息安全，2017(4): 86-92.

[10] 廖泽略，黄朝峰. 以典型案例看网络战演进及发展趋势[J]. 江南社会学院学报，2014(4): 23-27.

[11] 蔡军，于小红. 美国网络空间作战能力建设[J]. 国防科技，2018(3): 105-109.

[12] 刘彬，胡建伟. 美国网络空间安全战略发展演变分析[J]. 网络安全技术与应用，2022(05):165-166.

[13] The White House．National Cyber Strategy of United States of America[R]. Washington: The White House，2018.

[14] The United States Department of Defense．Department of Defense Cyber Strategy [R]．Washington: The Depart- ment of Defense，2018.

[15] The White House．Interim National Security Strategic Guidance[R]. Washington: The White House，2021.

[16] 网安思考. 美军网络空间作战理论体系初探[EB/OL]. [2021-02-26]

[17] The United States Army．The U．S．Army Concept for Cy- berspace and Electronic Warfare Operations (2025-2040)[R]．Virginia: Army Training and Doctrine Command，2018.

[18] The United States Navy．US．Fleet Cyber Command / U．S．Tenth Fleet Strategic Plan

2020-2025[R]. Mar- yland: The U.S Tenth Fleet，2018.

[19] 杨晓姣. 美 CSC 提出"分层网络威慑"新战略解析[J]. 信息安全与通信保密，2020(05):85-91.

[20] 虎符智库. 一文看懂新时期美军网络战特点[EB/OL]. [2020-01-20]

[21] 李硕，李祯静，王世忠，周东民. 外军网络空间作战力量发展态势分析与启示[J]. 信息安全与通信保密，2022(05):90-99.

[22] 高荣伟. 美国网络空间安全战略建设[J]. 军事文摘，2018(09):54-57.

[23] 王宇，蔡军，吴忠望. 美国网络空间武器装备发展概况[J]. 保密科学技术，2017(07):22-31.

[24] 穆军林，朱国阳，王江涛. 美军"舒特"系统攻击方式及应对措施[J]. 装备制造技术，2012(09):131-133.

[25] 郝雅楠. 全球网络安全产业发展分析[J]. 国防科技工业，2021(12):42-44.

[26] 龚汉卿，何俊伟. 透视美欧 2021 网络安全演习[J]. 信息安全与通信保密，2022(01):11-16.

[27] 央广网. 备战第五空间，美军网络部队如何练兵[EB/OL]. [2018-01-18].

[28] 林涵. 美对"伊斯兰国"展开网络战[N]. 解放军报，2016.

[29] 林东. 鹿死谁手：谨防双边网络战引发网络世界大战——评美国对 IS 的正式网络战争[J]. 当代世界，2016(07):50-54.

[30] 刘海峰，郭海. 美国网络空间作战能力与发展趋势[J]. 中国信息安全，2022(02):64-67.

[31] 汪明敏，李佳.《英国网络安全战略》报告解读[J]. 国际资料信息，2009(9): 17-20.

[32] 崔传桢. 网络空间安全大国战略 2019 新动向[J]. 信息安全研究，2019，5(6): 5-18.

[33] 冯国会，赵艳斌. 英围绕网络安全动作不断，只为占据"第五空间"竞争制高点[N]. 科技日报，2020-10-14(10).

[34] 兰顺正. 英加快发展网络作战力量[N]. 解放军报，2020-07-09(7).

[35] 华屹智库. 英国国家网络安全战略发展及实施情况[J]. 国际视野，2018(8): 21-24.

[36] Directorate of Doctrine, Headquarters Integrated Defense Staff. Joint Doctrine Indian Armed Forces [EB/OL]. [2017-04-26].

[37] GUNJAN Chawla. The Architecture of Cybersecurity Institutions in India [EB/OL]. [2020-02-07].

[38] NIDHI Singh. India's New Defence Cyber Agency [EB/OL]. [2019-05-15].

[39] PANWAR R S. Cyberspace Governance In India: Transform or Perish [EB/OL]. [2020-05-26].

[40] ADITI Agrawal. What We Know About The Alleged Cyber Attack On The Kudankulam Nuclear Power Plant [EB/OL]. [2019-10-30].

[41] GUNJAN Chawla. Does India Have Offensive Cyber Capabilities? [EB/OL]. [2020-07-11].

[42] ANEEQA Safdar. The Emerging Threat of Indian Cyber Warfare Against Pakistan [EB/OL]. [2020-08-28].

[43] KARTIK Bommakanti. Electronic and Cyber Warfare: A Comparative Analysis of the PLA and the Indian Army [EB/OL]. [2019-07-17].

[44] JASPER Frei. Israel's National Cybersecurity and Cyberdefense Posture[EB/OL]. [2020-09-07].

[45] ELENA Chachko. Persistent Aggrandizement? Israel's Cyber Defense Architecture [EB/OL].[2020-08-26].

[46] 艾仁贵. 以色列的网络安全问题及其治理[J]. 国际安全研究，2017(2): 66-89.

[47] 侯荷洁，岳晨. 以色列新质作战力量建设初探[J]. 国防，2019(10): 71-75.

[48] SEAN Cordey. Trend Analysis: The Israeli Unit 8200 An OSINT-based study[EB/OL]. [2019-12-15].

[49] 黄鹏，于志成. 以色列网络安全人才培养模式及对我国的启示[J]. 中国信息安全，2020(4): 56-61.

[50] 安全牛. SolarWinds 供应链攻击:过去十年最重大的网络安全事件[EB/OL]. [2021-01-01].

[51] 贺佳瀛. 美国政府正式将 SolarWinds 黑客归咎于俄罗斯[EB/OL]. [2021-01-06].

[52] 班婕，鲁传颖. 从《联邦政府信息安全学说》看俄罗斯网络空间战略的调整[J]. 信息安全与通信保密，2017(2): 81-87.

[53] Congressional Research Service. Russian Cyber Units [EB/OL]. [2021-01-05].

[54] 李奇志. 俄罗斯网络战力研究[J]. 网络空间安全情报快递，2018，29: 18-19.

[55] JUHA Kukkola. Cyber Threats and NATO 2030: Horizon Scanning and Analysis [M]. Finland: NATO CCDCOE Publications，2020: 9-25.

[56] 武晓晓. 网络战实力惊人：朝鲜对韩国频频发动网络战[J]. 信息安全与通信保密，

2016(7): 52-53.

[57] 安全牛. 美国防部和航天部门遭受朝鲜黑客新一轮网络攻击[EB/OL]. [2020-07-03].

[58] 刘淼，赵航，黄延春. 朝鲜网络作战能浅析[J]. 空军军事学术，2016(4): 106-109.

[59] Recorded Future 报告：2019 年朝鲜互联网使用变化状况[EB/OL]. [2020-02-28].

[60] CHULONG 以国家安全之名构建自主可控的操作系统, 朝鲜红星操作系统主打安全牌[J]. 信息安全与通信保密，2016(2): 76-77.

[61] 武荻山. 朝鲜网络作战能力建设分析[EB/OL]. [2017-09-25].

[62] 丁义昆. "黑客帝国"还是"基础薄弱"？——探究朝鲜网络战部队[J]. 轻兵器，2014(2): 12-14.

[63] 赵慧杰. 美军刺杀伊朗军事指挥官后的美伊网络空间斗争态势分析[EB/OL]. [2020-01-10].

[64] 王丹娜. 美伊网络战动因与效果试析[J]. 网络预警，2019(7): 12-15.

[65] ang010ela. 伊朗黑客组织大集合[EB/OL]. [2020-01-17].

[66] 战略前沿技术. CRS 报告：伊朗进攻性网络战能力评估[EB/OL]. [2020-01-19].

[67] KIRAZHOU. 中东泥潭里的伊朗，网络战能力被严重低估？[EB/OL]. [2020-07-23].

[68] AQNIU. 伊朗有能力对美国发起网络攻击[EB/OL]. [2020-01-06].

[69] 新华网. 美伊网络战的虚与实[EB/OL]. [2019-07-18].

[70] MOTTOIN. 伊朗网络间谍活动曝光, 攻击计划或将受阻[EB/OL]. [2019-05-09].

[71] 杜雁芸. 美国网络安全领域军民融合的发展路径分析[J]. 中国信息安全，2016(8):4.